私を振り回してくるあの人から

自分を守る本

モラハラ対策カウンセラー　Joe

WAVE出版

はじめに　なぜ、あなたは振り回されてしまうのか？

頼まれたら断れない。
気がついたら相手のペースに巻き込まれている。
なんだか都合よく使われているような気がして、いつもモヤモヤする……。

相手のことが嫌いなら離れてしまえばいい、なんていうアドバイスもありますが、人間関係はそれほど単純なものではありません。
職場の人間関係や、ママ友、親戚のお付き合いなど、離れたくても離れられない相手もいるでしょうし、好かれたいわけではないけど嫌われたら困るという相手もいるでしょう。

それでも、いつの間にか相手のペースに巻き込まれて、面倒なことを押し付けられたり、やりたくないことに付き合わされたりするのは、やっぱり嫌なものですよね。

ではなぜ、あなたはいつも、人に振り回されてしまうのか。

世の中の「他者に振り回されやすい人たち」には、共通点があります。

それは「いつも自分の心を開け放ちすぎていること」です。

「自分の心」をいつも開け放っているために、あなたの心がいつも無防備となり、周りのどんな人とも繋がりたい放題になってしまいます。なので他者から脅かされ、いつも勝手にコントロールされてしまっている。そういう状態のことを一般に「他者に振り回されている」と呼ぶわけです。

では、具体的にどうすれば、人に振り回されないように、自分の意思で、心の扉を開けたり閉じたりすることができるのでしょうか。

◆実は、あなたの「心の中」は誰にも見られていない

結論から言うと、実はあなたの「心の中」は、誰にも見られていません。そして、あなたの心が他者と繋がる、ということも、実際にはありません。あなたの感情、考えていること、人間性、そういうものは全て、あなたの中だけにあるものであり、実はあなた以外の誰からも見透かされることはないのです。

もし仮に誰かが、あなたの心の中を見透かしたとしても、それはただその人が、あなたの「言動」から、あなたの「心」を推測したに過ぎません。決して、あなたの心の中が見えたわけではありません。

あるいは、あなたが相手から自分の「心の中」を見透かされているように感じたとしたら、それは単に、あなたが自分の心のままに動いているからです。結果的にまるで自分の「心の中」まで見られているように錯覚し、ソワソワしているだけなのです。

◆心のままに動かなければいい

そう考えると、あなたが人から振り回されない方法は、簡単にわかります。

単に「自分の心と違う動きをすればいい」ただそれだけです。

そもそも、「あなたの心」と「あなたの言動」は同じではありません。人は誰でも、いつでも、自分の「心」と違う「動き」をすることができます。

心の「ままに」動くだけではなく、心の「ために」動くこともできるのです。

前述のとおり、人は誰でも、他人の「心の中」を見透かすことはできません。よほどの超能力者でない限り、他人の「心」というものは、その人の「言動」から「推測」するしかないのです。

そうであるなら、もしあなたが次回、誰かに振り回され始めたら、その時点でその相手の前で、意図的に「心と違う動き」をすれば、その相手は、あなたの心を推測できなくなるので、あなたを振り回すことができなくなり、それによってあなたは、その相手から、「自分の心」を守ることができるようになるわけです。

もちろん、すべての人に対して、自分の心を隠す必要はありません。あなたが心を開きたい人に対しては、好きなだけ「自分の心」と「自分の言動」を繋げて接すればいいでしょう。それでこそ、親密になれる関係もたくさんあるはずです。

ただ、私が皆さんに言いたいのは、「全ての人に対して、そうしなくてもいいよ」ということです。

世の中の人たちは、あなたに対して好意的な人たちばかりではありません。中には、あなたを都合よく振り回したい人もいるでしょう。そういう人たちに対してまで、あなたが自分の心を開き、心のままに接していると、その相手はあなたのその「言動」から、あなたの「心の中」を何もかも推測することができてしまうので、あなたを操り、振り回すことは簡単だ、と認識するかもしれません。

本書では、あなたの心の「ために」動く具体的なテクニックを、たくさんご紹介しています。本書のメソッドを、一つひとつマスターすれば、今日からあなたは、「自分の心」と切り分けた、「言動」を選ぶことができるようになります。

そして、それができるようになれば、相手はあなたの心を読めなくなり、あなたを振り回すこともできなくなるし、それだけではなく、あなた自身、自分がどう動けば相手に尊重されるのかもわかるようになります。

しかも、「自分の心」を元気づける「言動」を選ぶこともできるようになるので、それによって、自分の気分を自分でよくすることもできるようになってきます。

「自分の心」と「自分の言動」を分けて考え、それらを繋げて動いたり、切り離して動いたりする技術は、あなたの人生を劇的に楽に、そして豊かにします。

メソッド1からは、あなたが自分の「心」のために、どういう「言動」をすべきか、その具体的なテクニックをご紹介していきます。誰でもできる技術ですので、楽しんで身につけてみてください。

えーと…
あのう
う〜んと
やります。
なんだ、やってくれるのね
圧
圧
気持ちがわかる
圧
圧
本当はイヤだけど…。
断ったら悪いし…
ごめんなさい
また今度！
あら…残念。
圧
圧
圧
圧
「言動」を変えて「心」を守る

本書のメソッドのポイントと効果

- 自分の「心」と「言動」は別物。あなたは、自分の「心」と切り分けて、もっと損しない「動き」を選ぶことができる
- あなたの「心」とは、あなた自身の「本質」であり、あなたが守るべきとても大切なものなので、一切変える必要はない。むしろ、それを変えずに守るために、「自分の言動」のほうを変えて、相手に見せる
- 人はそもそも、他人の「心」を見透かすことはできない。他人の心の中は、単に相手の「言動」から、「推測」しているにすぎないので、あなたが意図的に、自分の「心」

と切り分けて「言動」を選べば、相手はあなたの心を掴めなくなる

- あなたの「心」を掴めなくなると、その相手は当然、あなたのことを振り回すこともできないし、むしろ今までより、あなたを尊重しないといけなくなる
- 「心」と「言動」を微妙にずらすことによって、そこにギャップを作り、ミステリアスな魅力をまとって、相手を惹きつけることができるようになる
- 自分の「心」を元気にする「言動」を、自分で選ぶことができるようになり、自分の気分を自分でよくすることができるようになる

—目次—　私を振り回してくるあの人から　自分を守る本

method 1　誰にも付け入らせないベースをつくる　43

method 2　嫌われない、憎まれない「断り上手」になる　73

method 4 人を惹きつける魅力的な人間になる

prologue

良好な人間関係は
距離感が
保たれている

相手と距離のとり方が上手い人

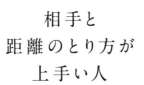

相手とのベストな距離をはかる
信頼できる人にしか見せない本当の自分
関係が切れないよう優しさを使ってフォローする
距離が近すぎるときに威圧感を使う

人間関係は「近いほどいい」という勘違い

人間関係の悩みの大半、いや9割以上は「距離感を誤っていること」だと私は見ています。

厄介なことに、ちょうどいい距離感というのは普遍化できるものではなく、相手との相性によります。

「夫婦」を例にとっても、四六時中、一緒に過ごすことでうまくいっている夫婦もいれば、それほど一緒に過ごさないことが円満のコツ、という夫婦もいる。

ひと口に「親友」といっても、毎日のように連絡をとり、互いの状況をつぶさに報告し合うことで絆を強めている親友同士もいれば、年に一度くらい会って密な時間を過ごすくらいがちょうどいいという親友同士もいます。

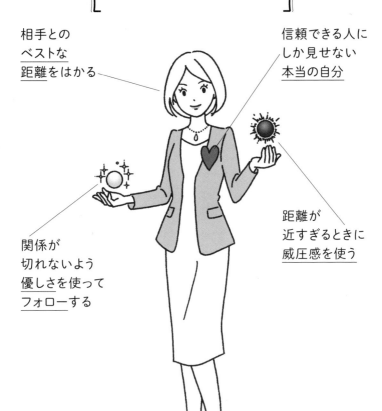

つまり、夫婦ならこれくらいの距離感、親友ならこれくらいの距離感などと決めることはできないということ。「この人とはこれくらい」「あの人とはあのくらい」という具合に、自分と相手の相性によって、ちょうどいい距離感は異なるのです。

したがって、良好な人間関係を築くには、「この距離感で合っているだろうか」と常に自問自答することが不可欠です。

もし現時点で、あなたを振り回す人がいるのなら、おそらく、その人の誘いや頼み事を「どう断ろうか」などと頭を悩ませることも多いでしょう。今まさに、そういう状況になっているかもしれません。

断り方にもコツがあります。本書のメソッド2では「断り方の戦術」をバリエーション豊かに紹介しているので、もし今日、明日にも断りたい事柄がある人や、「私は今、誰かからの押し付けを断りたくて困っているんだ！」という人は、先にメソッド2を読んで実践してみるのもいいでしょう。

でも、おそらく多くの皆さんが本当に求めているのは、「金輪際、振り回されない関係性」ではないでしょうか。

今まさに、あなたを振り回そうとしている人、そして今後、新たに出会う人たち、そのうちの誰にも金輪際、振り回されたくない。そのためには「適切な距離感をはかる」という発想が必要です。

すべての人が、いつも他者から振り回されて困っているわけではないはずです。でも現状として、あなたはいつも目の前の人に振り回されて、いつも疲れ果てています。それは、まさしく「他者との距離感を誤っているから」だと考えたほうがいいでしょう。

私が今まで見てきた限りでは、**振り回されやすい人は、例外なく、過剰に相手に近づこうとしています。**近づけば近づくほど内面が見えやすくなるので、これもまた、心を読まれてしまう一因なのです。

では、なぜ近づこうとするのか。そこには、「とにかく人間関係は近ければ近いほど上手くいくはず」という「思い込み」があるように見受けられます。

あなたも、そうなのかもしれません。相手から不当に扱われていると感じたときも、「私の歩み寄りが足りないからだ」「もっと私をわかってもらえば上手くいくに違いない」と思って、より相手との距離を縮めようとしていませんか？

それが、さらに振り回される原因となっている可能性が高いのではないでしょうか。現にモラハラの相談などでも、物理的あるいは心理的に相手と距離をとると、とたんに状況が改善するケースがほとんどです。

やはり被害者が「もっと私をわかって」と加害者に近づこうとしすぎることが、かえって加害者を図に乗らせている。だから逆にそこで「距離をとる」という戦術に切り替えるだけで、その状況が劇的に改善していくというわけです。

◆「ライオンとシマウマ」を同じオリに入れるな

人間関係とは、離れ過ぎるとダメとか、近いほうがいいというものではありません。それは相手との距離感をはかりながら、「自分の心地よい具合」へと調整していくものです。ラジオのチューナーを探り探り、一番聞こえやすいところに合わせるように。

ここでまず、どれくらいの距離ならば、振り回されることなく関係が続きそうか、客観的に、希望的観測ゼロで想像してみましょう。もし、その距離感よりも、今現在のあなたと相手の距離感が近いようならば、これからはもっと距離をとる。そのための工夫が必要になるだろうという心の準備をしておいてください。

「距離をとるなんて悲しいことだ」「そんなこと、相手に悪くてできない」と思った人も多いかもしれませんね。

私たちは小さいころから「みんな仲良く」と教えられて育ちます。

加えて、振り回されやすい人は、たいていは気持ちの優しい「いい人」なので、距離をとるなんてひどいと感じても不思議はありません。そんなときは、次のように考えてほしいと思います。

あなたが動物園の飼育員だとします。ライオンとシマウマを同じオリに入れるでしょうか？　ライオンは、お腹が空いたらシマウマを襲って食べてしまうかもしれませんので、もちろん一緒にはしませんね。

ライオンとシマウマを一緒にできないのは、悲しいことでも酷いことでもありません。ただ、ライオンは肉食獣、シマウマは草食獣と、それぞれ性質が違うから、両者とも生かしたいのであれば、同じオリには入れないほうがいい、それだけのことです。

人間関係も同様です。

あなたがシマウマで、相手がライオンだとしたら、より相手に近づこうとするのは「どうぞ私を食べてください」、つまり「あなたの思う存分に振り回してください」と、自らを捧げるようなものであり、要するに、相性的に距離が近すぎるのです。

今後は「この人と自分の距離感は、これで合っているだろうか」と考えるようにしてみましょう。その上で「距離が近すぎる」と感じるなら、一旦離れる。それは、悲しいことでも酷いことでもなく、単にそういう「判断」になるにすぎないということです。

愛されたいのか、嫌われたら困るのか――相手を分類する

人間関係は距離感がすべて。

では、どうやって相手との適切な距離感をはかればいいのでしょうか。まず、相手を次の2つに分類することから始めてください。

その人は、①「愛されたい相手」なのか、②「嫌われたら困る相手」なのか。

つまり、相手に自分を愛してほしいのか、それとも、別に愛してほしいわけではなく、ただ嫌われずに平和な関係を築きたいだけなのか。相手との関係に「愛」か「平和」か、どちらを望むのか、ということです。

この分類は、夫でも友だちでも、上司でも同僚でもママ友でも、あらゆる人間関係に当てはまります。

「そうか、ただ嫌われたくないだけなんだ」と気づけば、「人間関係は近いほどいい」という思い込みから脱却でき、距離をとることを悲しいとも酷いとも思わずにテクニックを駆使できるでしょう。

危険なのは「愛」に分類された場合です。

「私はこの人に好かれたい、愛されたいんだ」と思ったとしますね。

お互いを大切にし合える相思相愛の関係ならば問題はありません。

しかし、相手からいいように振り回されて、あなたは嫌な思いをしている。「どうしていつもこうなっちゃうんだろう」「何とかならないかな」と悩んでいるなら、その時点で相手からの「愛」があるかといったら、ないわけです。いくら相手が「あなたのため」「良かれと思って」と言っていても、あなたの意見は尊重されていないことに変わりはありません。

相手からの「愛」がないのに、あなたは「愛してください」という言動を取るので、振り回す・振り回されるといった関係に陥りやすくなります。

このような場合、一旦「愛」は置いておいて、まず「平和」を念頭に置いた言動をとること。すなわち「少なくとも嫌われずに、平和な関係を築くこと」を目指すというのが、現在とりうるベストな方法ということです。

愛されたくても、今は「とりあえず嫌われなければＯＫ」と切り替えてみましょう。

次に「どれくらいの頻度で相手と接するのがちょうどよさそうか」と考えてみます。

毎日顔を合わせてもいいのか、週に1回なのか、それとも月に1回なのか、あるいは半年に1回が限度なのか。どれくらいの頻度が、もっとも平和的に長く、相手との関係を築けそうか。

こういう視点をもって相手との関係性、距離感を見直してみるだけでも、これから紹介していくテクニックを実践しやすくなるでしょう。

自分と相手を客観視してみることで、距離をとるのは悲しい、酷いという気持ちが軽減されるからです。

相手のあることですから、人間関係の距離感の調節は、完全にこちらが主導権を握ってできるものではありません。ただ、こちらが意識的に日々の言動をコントロールすることで、かなりの主導権を握ることは可能です。

戦術として自分の言動を変え、金輪際、自分を振り回さないように相手を変えていく。メソッド1からは、そのためのテクニックをお伝えしていきます。

◆人の「好き・嫌い」を「普通」にする

相手に必要以上に近づこうとしないためには、「好き嫌い」という感情をリセットしてしまうというのも効果的です。

感情は頭の容量を食うものです。「好き」にせよ「嫌い」にせよ、相手に特定の感情を抱くだけで余計な頭を使って疲れてしまいます。

自分にとって、頭を使うに値する相手ならば、いくらでも使えばいいでしょう。でも、あなたを振り回すような人に、そんな頭を使う必要はありません。だから、相手のことは「好き」でも「嫌い」でもない、「普通」だと思っておけばいいのです。

サービス業の満足度アンケートだと「大変満足」「満足」「普通」「やや不満」「不満」という感じで、必ず中間に「普通」がありますよね。

ところが人間関係になると、私たちは無意識のうちに「好き・嫌い」のどちらかにカテゴライズしようとします。

「大好き」「好き」「まあまあ好き」「ちょっと嫌い」「嫌い」「大嫌い」といったグラデーションになってはいますが、「好き」か「嫌い」かのどちらかに寄せなくてはいけないかのように思い込んでいる。

満足度アンケートでは当たり前の、中間がないのです。

これもまた、相手との距離をはかり間違える原因と考えられます。

あなたは、自分を振り回す人のことを「困ったな」とは思っていても、別に「嫌い」なわけではないでしょう。

そして「嫌いではない」となると、「まあまあ好き」以上の感情をもっているということになる。そんな無意識のカテゴライズによって、「好きなら、もっと近づきたい」

「近づく努力をすべきだ」という勘違いを自分にさせてしまっているのです。

これからは、「あの人のことをどう思うか？」と自問したときに「普通」とはっきり自答できるようにしていきましょう。「いやいや、ちょっとくらいは好きとか嫌いとか、あるでしょ？」と思っても、「いや、完璧に普通です」と断言すること。

すると、人間関係が一気に楽に感じられてくるはずです。嫌いじゃないからといって、好きなわけではない。ただ自分にとってはごく「普通」の人なのだから、「好きだから応えてあげなくちゃ」といった十字架を背負って無理する必要はなくなりますね。

相手を「普通の人」に分類すると、もう振り回されることなく、１００％自分の意志で、どう対応するかを決められるようになる。相手とのしがらみを気にせずに生きられるようになるのです。

人間関係は「優しさ」と「威圧感」のバランス

良好な人間関係を築ける人は、相手との距離感の調整が上手いです。どのように調整しているのかというと「優しさ」と「威圧感」を使い分け、距離を縮めたり、離したりしています。

まず、次の3点を覚えておいてください。

①「優しさ」とは相手と関わりに行くためのものです。相手を楽しませよう、気づかおうとする振る舞いなども同様です。

②「威圧感」とは相手のコントロールから外れるためのものです。使っていないように見える人は、相手にばれないようにまとっています。

③ 良好な人間関係とは「優しさ」と「威圧感」を、交互に、あるいは両方を混ぜて差し出しながら築くものです。

威圧感と聞くと、「私本来ではない、威圧的な性格の人にならなくてはいけない」ように感じられて抵抗感を抱く人も多いと思いますが、これはそういうことではありません。

繰り返しになりますが、自分の本質を変える必要はまったくありません。むしろ、自分の本質をまったく変えなくて済むために、人間関係において、今までは使ってこなかった新しい技術を、本書を通じて使えるようになりましょう、という話なのです。

ぜひとも次の説明を、じっくり読んでいただければと思います。

◆「威圧する」のではなく、「威圧感」を出すだけ

マウントを取ってくる人や、頼めばやってもらえると甘えてくる人をけん制するためにも、「威圧感」は良好な人間関係を築くのに必要な技術です。

威圧感には2種類あります。

1つは「相手を攻撃するための威圧感」。これは、相手を恫喝したり脅したりして、他者を潰すために使う威圧という行為です。下手に威圧を「する」と、余計に相手のコントロール欲を刺激するという逆効果にもなりかねません。

そしてもう1つは、「防御のための威圧感」。これは、相手がこちらを支配し、コントロールしようとしてきたときに、「私はあなたの一部ではありません」と示し、支配とコントロールを外させるために使う威圧感です。

本書で身につけていただきたいのは後者、つまり「攻撃」ではなく「防御」のための威圧感です。

直接的な言葉や行動ではなく、「威圧している雰囲気をまとう」というものです。

ただ威圧「感」を出す。それとない言葉や、さりげない態度や振る舞いで、相手に「こ

の人を振り回すことはできないんだ」と感じさせ、今までの振り回す・振り回される
という主従関係を逆転させることができます。
それこそが、防御のための威圧感の最大の目的であり効能なのです。

振り回されている人は、「優しさ」しか使っていない傾向があります。
「優しさ」と「威圧感」を、右手と左手それぞれに持っているとしたら、利き手のほ
うに「優しさ」を持っている状態です。
だから「優しさ」はいくらでも使うことができるけれど、「威圧感」は、まだうま
く使うことができない。ほとんど使っていない、といってもいいかもしれません。
ならば利き手でないほうの手も少しトレーニングして、「優しさ」も「威圧感」も
バランスよく使える「両利き」になっていきましょう。

◆自分の「性格」を、自分の「技術」だと思ってみる

その感覚に慣れるために、まずはあなた自身の「性格」を、あなたが持つ「技術」だと思ってみましょう。

具体的には、あなたがすでに利き手に持っている、得意の「優しさ」を、自分の「性格」ではなく、自分の得意「技術」なのだと思ってみます。「私は優しい」のではなく、「私には、優しくすることで、相手の気分をよくできる技術がある」と。

現在、「優しさ」に偏っているあなたは、性格が優しいのではなく、「優しさという技術の使い手」であり、その技術においては、あなたはプロ級なのです。

そう思えば、「優しさ」の反対側にある「威圧感」も、「そういう技術」として捉え、使うことができるようにもなるでしょう。前に、「あなたが威圧的な『性格の人』になる必要はない」、といったのは、こういうわけです。

しかも、面白いもので、「優しさ」という技術は、「威圧感」とセットで使うと、そ

れ単体ではありえないくらいに、飛躍的に価値が高まります。

「優しさ」だけの人の「優しさ」は、ちっともありがたがられません。それどころか、その「優しさ」に付け込んで、あなたを無下に扱う人が出てくることも覚悟しなくてはいけません。

でも、「威圧感」のなかに「優しさ」が感じられると、周囲の人は、その「優しさ」を、ものすごく価値あるもの、うれしいもの、ありがたいものと受け取るのです。

これでなぜ「優しさ」だけではダメで、「威圧感」も必要なのか。もうおわかりいただけたかと思います。

「優しさ」だけでは（喜ばれるが）ナメられる。「優しさ」だけの人は、その「優しさ」を踏みにじられやすい。「優しさ」と「威圧感」のバランスをうまくとって人と付き合ってこそ、あなたは、適度な距離感をもって誰からも尊重されるようになるのです。

《 誤った威圧感 》

お断りします!!
これだと自分の印象を
悪くするだけでなく、
相手も あなたを
コントロールしやすく
なってしまうよ。

「もう、振り回されない」ための戦術リスト

さて、人間関係の理屈はここまでにして、次からは、金輪際、振り回されないようになる具体的な戦術を紹介していきます。

メソッド1

振り回されない人としてのベースをつくります。普段の基本的な振る舞い方として、どう言葉を発し、どのような態度で振る舞えばいいのかという、言動の基礎部分です。

メソッド2

紹介するのは「断り方」の具体的方法です。今までは相手に振り回されて、嫌な誘

いや頼み事もつい引き受けてきてしまったかもしれませんが、ここで手っ取り早い断り方を身につけ、他人からの押し付けを、すんなり断れるようになりましょう。

メソッド3

「防御のための威圧感」を、相手にばれないようにまとう方法を紹介していきます。

相手を言葉や行動で直接的に威圧「する」のではなく、威圧「感」を「まとう」。いわば、威圧「感」を出そうとしているこちらの意図をさとられないよう、ばれないよう、さりげなく威圧「感」を出すということ。

メソッド3では、そんな「相手にばれない威圧感」の出し方を説明します。

メソッド4

メソッド1～3の集大成です。

自立した個人、「単独者」として振る舞えるようになれば、自然と自信が湧いてきます。そして自信が溢れている人には、尊重してくれる人が惹きつけられるようになります。

具体的な戦術を学んだあとは、「意識付け」という仕上げによって「振り回され体質」からきっちり脱し、「金輪際、振り回されない自分」を定着させていきましょう。

method 1

誰にも
付け入らせない
ベースをつくる

5つの戦術で「相手より一段上にいる」意識と行動になる

振り回されない人になるベースは、「相手より一段上にいる」という意識です。

あなたが何か入ったボウルをもって、相手と向き合っていると想像してください。

相手より一つ下がると、相手に見下されてボウルの中身も丸見えになります。でも、相手より一つ上がると、相手はあなたを見上げることになり、しかもボウルの中身も見えなくなりますね。

したがって、「相手より一段上にいる」意識をもつというのは、相手から見えない「影の部分」を演出するということ。これはプロローグで説明した「防御のための威圧感」のベースとなる意識なのです。

すると、まさに防御といったとおり、自分の心に「バリア」のようなものが作られ、相手は土足で踏み込んでこられなくなります。

それだけではありません。

「相手より一段上にいる」意識をもって「影の部分」を演出した状態で、「優しさ」を差し出すと、相手はあなたを尊重するようになるのです。

心のままに付き合える相手ならばいいのですが、とくに自分を振り回す相手に対して、心を開け放った状態で接すると、相手は容赦なくあなたの心に入り込んできてマウントをとります。振り回しにかかるのです。

赤ちゃんのかわいさの元は、すべてを開け広げた包み隠さぬ無邪気さですよね。

それは、あくまでも、未熟で保護を必要とする赤ちゃんだから、有効なだけです。

いい大人がすべてを見せて愛されようとするのは、人間関係の戦略として、相当に厳しいと言わざるを得ません。

というわけで、「相手より一段上にいる」意識が基礎中の基礎。

その意識を作るために、普段から、次の5つのルールを実践してみてください。

①「ニコニコ」ではなく「ニヤニヤ」する

「ニコニコ」というと、いいことのように思えるでしょうが、自分を振り回す人がいる環境では、付け入る隙を相手に与える表情と心得ておいてください。

なぜなら、「ニコニコ」とは、「敵意はありません」「親しくしてください」「受け入れてください」「褒めてください」などと相手に媚び、下から近づこうとしている印象や、共感を示して相手とつながろうとしている印象を与えるからです。

媚びにせよ共感にせよ、そんなあなたを受け入れるかどうかは、相手次第ですから、相手が「主」、自分が「従」という主従関係になっても不思議はありません。

相手はあなたのことを「振り回していい人」と捉え、実際に振り回そうとするでしょう。そして「ニコニコ」しているあなたは、自分を振り回そうとする相手のエネルギーに抗えず、いいように振り回される。人間関係の主導権を失ってしまうわけです。

では、「ニコニコ」に取って代わるべき「ニヤニヤ」とは、どんな表情でしょうか。

今、説明してきた「ニコニコ」を「弱者の微笑み」「相手に見てもらう者の微笑み」と呼ぶならば、「ニヤニヤ」は「強者の微笑み」「自分が見ている者の微笑み」です。

誰に見られるためでもない、人なんて気にせず、何が起きても動じない、余裕の表情だと思ってください。

自分が人や物事を見ている（あるいは思い浮かべている）。その自分自身のなかで何か愉快なことやおもしろいことがあって、ひとりで笑みを浮かべている。主体性のある微笑み、といってもいいかもしれません。

何が楽しいのかは傍からはわからないかもしれないけれど、「なんだか、いつも楽しそうな人」「自分の世界がある人」。そんな感じが出るのが「ニヤニヤ」です。

だからニヤニヤする人は、感情が丸見えでない、影の部分がある「単独者」としてその場に存在できるのです。

〈ポイント〉 ニヤニヤしていると「意識」する

ここまで読んで、「ニヤニヤ」という表情の作り方がわからない、あるいは「ニヤニヤ」するなんて嫌だ、と思った人もいるかもしれません。

結論からいうと、ここでもっとも重要なのは「ニヤニヤする」という意識「自分は今、ニヤニヤしてるんだ」という感覚です。逆にいうと、「私はニコニコしているのではない！」と自分で感じられていることが、このメソッドの重要ポイントです。

なので、実際の表情自体は「ニコニコ」とあまり変わりません。

「主体性のある微笑み」という意識——「誰に見られるためでもなく、自分のなかで何か愉快なことやおもしろいことがあるから、ひとりで笑みを浮かべているだけのことだ」ということを「意識」する。

すると、それほど大きく「ニヤニヤ」しているわけでなくても、あなたがまとう雰囲気自体が「強者の微笑み」になるのです。誰もあなたの心に土足で踏み込むことはできなくなり、人間関係の主導権も取り戻すことができます。

このように意識、感覚がもっとも重要なのですが、振る舞いのコツを挙げるとしたら、目線は真っ直ぐか、それ以上にすること。下を向いて上目遣いにニヤニヤすると、嫌な感じになる場合があります。

「目線は真っ直ぐか、それ以上」と心がけると背筋も伸び、いっそう意識から強者になれるでしょう。

また、ニヤニヤは必ずしも大きく笑う必要はありません。まずは歯を見せない「ニヒルな微笑み」から始めてみましょう。

のっけから変わった戦術だと思ったかもしれませんが、実のところ、「ニヤニヤ」は万能といってもいいくらい効果の高い戦術です。

「ニヤニヤ」していると、それだけで周りの目には「堂々とした個性のある人」に映り、決して哀れに思われることもありません。それどころか、そんなあなたに魅力を感じ、憧れる人も少なからず現れるでしょう。

最初は意識が必要かもしれません。でも、このように効果は絶大ですから、まず、やってみてください。「人前でニヤニヤしてもいいんだ」と思えれば、その思考も自信につながり、心を強くしてくれます。

「ニヤニヤ」がイメージしづらい人は、各国の映画祭などでレッドカーペットを堂々と歩く俳優たちを見てみてください。彼らは基本的に「ニヤニヤ」しています。「ニコニコ」はしません。自分に「自信」のある人は、自然と「ニヤニヤ」になるものです。

この認識をもった上で、練習をしてみましょう。

芸能人でも映画の主人公でも誰でもいいので、とにかく心に余裕のありそうな人がいつも浮かべている不敵な笑み。周囲にまったく媚びておらず、ただ自信や尊厳を感じさせる微笑み。

まさしく「強者の微笑み」を、テレビや映画で目にする人たちからインストールして振る舞っていると、その人たちの心の余裕が、あなたの心にもコピーされていくはずです。

②動きは「大きくゆったり」と

表情の次は「動き」です。

どんなときでも、「大きくゆったり」と動く。これも前項での表情と同様、あなたの心に土足で踏み込めなくするものです。

おそらく人に振り回されている人の現実では、大きくゆったり動いていられないような出来事がたくさん起こっているはずです。今後は、そこにあえて抗うことで、相手との主従関係を無効にしていこうということです。

抗うのは、常にビクビク、キョロキョロしていた振る舞いです。

たとえば、相手に何かを言われたときに、ピュッと首を相手のほうに向ける。相手に呼びつけられたときに、小走りで向かう。今までは、そのように反応していたと思いますが、すべてを「大きくゆったり」に変えていきましょう。

この「大きくゆったり作戦」には、大きく4つの効能があります。

まず1つめは、大きくゆったり動くと、自分の動きを相手と連動させないことになるので、それだけで振り回されていない状況をつくれること。

たとえば相手に何か言われてピュッと反応するのは、相手の言動に自分の動きを連動させているということです。相手がリモコンだとしたら、あなたは、いわば「感度がよすぎるテレビ」。相手の言動に瞬時に敏感に反応して、相手があなたに望む動きを、望むスピードでしているわけです。

そこで「大きくゆったり」を心がけて動けば、その動きによって、相手のコントロール下から外れることができるのです。

2つめの効能は、大きくゆったり動くと、威圧「感」をまとうことができるため、相手に「振り回しづらい」という印象を与えられること。

小石は簡単に動かせるけれども、岩を動かすのは簡単ではない、そういう心理作用を相手にもたらせるのです。

3つめは、大きくゆったり動くと、頭の余裕を確保できること。

ちょこまかと動けば動くほど、頭の余裕がなくなります。相手の言葉にピュッと反応する自分と、大きくゆったりと反応する自分を思い浮かべてみれば、どちらのほうが落ちついて考えられるかイメージできるのではないでしょうか。

小動物のようにちょこまか動いていると、取るべき言動を落ち着いて考えることもできない。だから焦り、焦っているあなたを、相手は「自分より下にいる弱者」と見なし、ますますコントロールを強める、という悪循環になってしまう。

「大きくゆったり」を心がけるだけで、この悪循環を断ち切ることができるわけです。

そして4つめは、大きくゆったりした動きによって、実は相手も癒やされることになり、より健全な関係へともっていけること。なぜなら、大きくゆったりした動きとは、結局のところ「反感を招きにくく、好感度や信頼感の高い動き」だからです。

意外かもしれませんが、これは次のような理由です。

「大きくゆったり」の反対は、ビクビク、オドオド、キョロキョロなどですが、こうした挙動不審な人を見ると人はイライラし、「こいつを掌握してやろう」というような意地悪な気持ちが頭をもたげてきます。

つまり挙動不審な人は相手のコントロール欲を刺激してしまう。だからコントロールされがちであり、さらに挙動不審になって、さらにコントロールされるという悪循環がここでも生じてしまうのです。

このように「大きくゆったり」を心がけることで、最終的には「支配・被支配」の主従関係を脱し、双方にとって本当に良好な関係、信頼で結びついた健やかな関係を始めることができます。

〈ポイント〉「時と場合」によって変えない

自分の動きを相手と連動させずに済む。

威圧「感」をまとい、相手に「振り回しづらい」という印象を与えられる。

頭の余裕を確保できる。

相手を癒やし、より健全な関係へともっていける。

これら4つの効果を得るには、時と場合によって行動様式を変えるのではなく、「大きくゆったり」を固定化することが重要です。

振り回されている人は、相手の言葉に素早く敏感に反応するどころか、まだ何も言われていないのに相手の意図を先取りして勝手に動いてしまう、ということもありがちです。

これは考えた上で行動しているというより、自分の思考や意志を経ず反射的に、つい、自ら損を買って出るような動きをしてしまうということです。

言葉にすると異常に感じられるでしょうが、客観的に見れば、これが実際に起こっていることです。こうした無意識下の「振り回され言動」を制御するために、「大きくゆったり」を固定化する必要があるのです。

いくら相手の思い通りに動こうとしても、100%はできません。

ところが主従関係が定着していると、相手は、少しでもあなたが自分の思い通りに動かないだけでイライラします。そのイライラを感じ取ってオドオドするあなたにもまた、イライラを募らせます。

でも、あなたが常に「大きくゆったり」動くようになれば、あなたが周囲に与える印象は「容易には動じない人＝コントロールしづらい人」になり、もはや相手も、あなたを「思い通りにできる人」として扱わなくなります。

そのように扱いたくても、「言いたいように言って、思いどおりに動かそうとするのは、ちょっと気が引けるな」という具合に、何となくやりづらくなるのです。

もちろん、この行動変容は相手だけではなく、自分自身の感情にも影響します。大きくゆったり動くことで「振り回されている状況」と「私、振り回されている感」が弱くなればなるほど心が強くなり、自信もついていきます。

自分自身が「大きくゆったり」という動きに慣れ、定着さえしてしまえば、あとはどんどん人間関係が楽になっていくはずです。

③ 地声でゆっくり話す

次にアプローチしたいのは「声色」と「話し方」です。

声色は「地声」で、話し方は「ゆっくり」を心がけてください。「地声」というのは、「低めの声」と言い換えても構いません。

振り回されている人は、たいてい、上ずった声で早口で話しています。

相手にまくし立てられているときなどは、とくに顕著です。早口であれこれ言ってくる相手のペースに飲み込まれ、自分もまた声が上ずって早口になってしまう。「どうしよう、どうしよう」という感情も丸見えです。

つまり、相手からすると「振り回しやすい状態」に陥っているのです。

この状態を遮断するために、「地声でゆっくり」話すことを心がける。相手がまくし立てようと「地声でゆっくり」話す。すると「この人って、何を言っても崩れないんだな」という印象になり、相手はコントロール欲を削がれていくのです。

体の動きと話し方は、ほぼ連動しています。前項の「大きくゆったり」とした動きを心がければ、自然と話し方も落ちついたものに変化するはずですが、話し方も「地声でゆっくり」と意識すると、いっそう効果的です。

地声でゆっくり話すと、まず、説得感が増します。また、場当たり的に言葉を発しているのではなく、しっかり考えて話している印象になる。つまり腹を割って、本音を話しているように見えます。

これは、感情がダダ漏れになっている印象とはまったく違います。あくまでも対等な立場から、腹を割って本音を話している印象になるということ。要するに「自分がある」感じが醸し出されるのです。

そうすると、きわめて平和的に人間関係の主導権を取り戻すことができます。たくさん話す必要もなければ、話術も語彙力も必要ありません。先の「ニヤニヤする」「大きくゆったり動く」と同様、「地声でゆっくり話す」というのも、その意識さえ持てれば、誰でも今からできるはずです。

油断すると、また相手のペースに飲み込まれそうになるかもしれません。なんだか悪い人間になったように感じることもあるかもしれません。

でも、そこは自分の人格とはいっさい結び付けずに、「こういう技術なのだ」と言い聞かせてください。金輪際、振り回されたくないのなら貫くことです。

〈ポイント〉「短く、爽やかに言い切る」とのギャップをつくる

ただし、地声でゆっくり話すことには、1つだけデメリットがあります。勢いや瞬発力には欠けるので、相手の勝手な押しつけを断ち切りたいときや、自己主張するとき、早めに話を切り上げたいときなどには適しません。ともすれば優柔不断とか、「好きなだけ話していい人」などと誤解されかねないからです。

じっくり話して、相手をこちらのペースに巻き込みたいときには、「地声でゆっくり」話すのは非常に効果的です。自分の心を守りながら、相手の心理的優位に立つことができるでしょう。

一方、**相手の勝手な押しつけを断ち切りたいときや自己主張するとき、話をさっさと切り上げたいときなどは、逆に「短く、爽やかに言い切る」こと。「強く断る」のではなく、「どこまでも屈託なく、無邪気に断る」ことを意識します。**

普段は地声でゆっくり話しているところへ、断るときだけは「どうしてそんなに屈託なく言えるの？」というくらい容赦なく、短く、爽やかに言い切る。このギャップが効果的なのです。これについては「断り方」のメソッドで詳しく説明します。

「地声でゆっくり話す」「短く、爽やかに言い切る」と聞いて、まるで正反対の技術を身につけなくてはいけないように思えたかもしれません。

しかし、ここで注目してほしいのは、どちらとも「相手のペースに飲まれていない」点では同じということ。得られる効果も同じで、どちらとも「相手に巻き込まれないことで相手のコントロールから外れる」ことです。

この同じ効果を得るために、普段は「地声でゆっくり話す」、断りたいときなど勢いと瞬発力を要するシーンでは「短く、爽やかに言い切る」というふうに使い分けるのがオススメ。この2種類の話し方で、人間関係の大半は乗り切れます。

④「沈黙が平気なキャラ」に見せる

「ニヤニヤする」「大きくゆったり動く」「地声でゆっくり話す」——これで「相手より一段上にいる意識と行動」のベースは完成したも同然です。

残りの2つは、これらのベースの上に積み重ねておくと、いっそう効果的なものです。これで、より着実に「振り回されない人」になる道を歩んでいけるでしょう。

さて、4つめは、普段の態度を「沈黙が平気なキャラにする」こと。

沈黙を埋めようとして、ついあれこれと気をつかって話してしまう。あなたにも覚えがあるかもしれません。実はこれも、振り回されがちな人の特徴の1つなのです。沈黙という一見、非親和的な状況を乗り越えて、必要以上に相手に近づこうとしているわけですから。

沈黙が平気なキャラに見せると、おおよそ次のようなメカニズムで、相手との関係が対等になります。

そもそも、なぜ沈黙を埋めようとするのでしょう。沈黙は気まずいからですね。もっといえば「相手も沈黙が気まずいのではないか。だから埋めなくては」という、相手に対する気づかいがあるからでしょう。

その気づかいが、実は、沈黙を本当に気まずいものとしているのです。

必死に沈黙を埋めようとするあなたの素振りを見て、相手は「ああ、この沈黙は気まずいものなんだ」「黙っていると気まずい間柄なのだ」と受け取り、居心地の悪さを感じます。

相手に対するあなたの気づかいと、その気づかいによって相手にもたらされる居心地の悪さが、「沈黙は気まずい」の正体というわけです。

逆に、素で沈黙が気にならないのは、どんな相手でしょう。たとえば家族など身内の人間といるときは、頑張って沈黙を埋めようとはしないはずです。話したいときに話す、というのが基本ではないでしょうか。

したがって、沈黙を気まずいものとしないためには、自分のなかで「あなたのことを身内のように受け止めているからこそ、沈黙が平気なんです」という初期設定をつくること。

こうして、あなたのほうから「私は沈黙が平気です」というリラックスした雰囲気を出すと、相手は「この人は沈黙が平気なんだな」と受け取り、安心する。その相手の安心した様子を見て、あなたのほうも本当に沈黙が平気になるというわけです。

〈ポイント〉 沈黙に対して「無責任」になる

これが「沈黙が平気なキャラ」に見せることで起こる作用です。

では、どうしたら、効果的にそう見せることができるでしょうか。

一番のポイントは、言葉ではなく態度で「私は沈黙なんて平気です」と示すこと。

ですから、沈黙が訪れても、決して余計な言葉は発しない。無表情だと印象が悪くなりますが、先に述べた「ニヤニヤ」を組み合わせると、どう見ても完全に沈黙が平気な人にしか見えません。

沈黙を埋めるなんて、本来なら相手にそんな気をつかう義理はありません。

「何とかしなくちゃ」というのは、まさに振り回される側の意識です。被支配者、下僕の意識といってもいい。こういう意識があるから、必要以上に、その場に対する責任を背負おうとしてしまうのです。

沈黙になってしまうのは、その場にいる二人の責任なのですから、あなた一人が責任を背負うことはありません。

沈黙というものに対してもっと無責任になりましょう。

こちらから頑張って話そうとせずとも、黙っていれば、たいていは相手から話し始めるものです。

「私は沈黙が平気＝私も話したいときに話すし、あなたも話したければ話せばいい」という平気な態度でいること。これも、「相手より一段上にいる」意識によって、「振り回す・振り回される」という主従関係を脱する1つの技術なのです。

⑤ 無闇に自分の情報をさらさない

振り回されない人としてのベースを整えるために、最後に取り組んでほしいのは「自分についてどれくらい開示するか」です。

振り回される人は、普段から自分の心を開放し、自分の「心の中」を「言動」として相手に見せすぎているために、その相手に心を読まれ、振り回されてしまうわけです。

たとえば、自分の予定を明かしたせいで、「この日は開いてるよね」と強引に誘われる。自分の主義主張を明かしたせいで、それを相手の都合のいいように周囲に言いふらされ、コントロールされるきっかけをつくってしまう。

一事が万事で、自分の情報を開示すればするほど、付け入る隙を相手に与えることになってしまいます。これでは、相手の支配下から一向に抜け出せません。

そもそも、自分の情報とは、知りたがっている人に、知りたがっている分量だけ開示するものです。そうすると、自分というものを、もっとも魅力的に伝えることができます。

逆に、相手がまだ知りたがってもいない段階で、あなたのほうが自ら情報を開示したがるというのは、もっとも魅力を損ねる伝え方といってもいいでしょう。人に振り回されがちな人は、普段から無意識のうちに、それをやってしまっているわけです。

〈ポイント〉「どうでもいい世間話」や「相手の話」に持っていく

とくに振り回されがちな人は、自分の情報の開示にもっと慎重になったほうがいいです。SNSなどネット上の発信にも注意しましょう。

自分の予定、意見、主義主張、物事の好みなどは、本当に気を許せる人に明かすだけにして、自分を振り回す人に対しては、なるべく出し惜しむ。その代わりに、どうでもいい世間話をする、相手の話に持っていく。

こんなふうに、自分の情報に多くの「非公開部分」をつくるという戦術をとります。すると、明かされていない情報が多いために、相手は、あなたのことをあれこれと予測せざるをえなくなります。

この時点で、あなたは相手より一段上に立っています。相手との人間関係の主導権はあなたのものとなり、振り回されなくなるのです。

まとめ　「ダンディな女性」になるということ

さて、振り回されない人のベースづくりとして、「相手より一段上」の意識と行動になる5つのコツをお伝えしてきましたが、いかがでしょうか。

ニヤニヤする。大きくゆったりと動く。地声でゆっくり話す。沈黙が平気なキャラに見せる。そして自分の情報を開示しすぎない。これらすべてを1つの意識に集約するとしたら、「ダンディな女性」になる、ということです。

いつも落ち着き払って、言葉は少なく態度は大らか。物事に動じず、自信や尊厳を感じさせる佇まい。そして口元には決して人に媚びない笑みを浮かべている。そんなダンディな男性を思い浮かべてみてください。

男性俳優でも、フィクション作品の登場人物でも、身近にいる素敵なおじさまでも、誰でもかまいません。

ダンディな男性を思い浮かべたら、今度は、そのダンディさを自分がまとっていると想像してください。

それが本書でいう「ダンディな女性」になるということです。

今後、細々とした場面でどう振る舞うか迷うことがあっても、「そうだ、ダンディに振る舞えばいいんだ」と思えば、対応を間違えることはないはずです。

それにしても、なぜ「ダンディ」という本来は男性に使う形容詞を、わざわざここで当てはめたのか。これには明確な理由があります。

とくに女性の場合、「女性的な意識」から部分的に自由になることが、振り回されるという事態を回避してくれるからです。女性的な意識から自由になるために、男性的なダンディさが必要というわけです。

もう少し説明すると、こういうことです。

反発を覚える人も多いかもしれませんが、次に話すことは、あくまでも古来の歴史的経緯によって生まれた一般的傾向として読んでください。

そもそも女性は、歴史上、長きに渡って「男性に選ばれること」で自分の価値を測ってきました。

「誰かが選ばれる」＝「自分は選ばれない」であり、「自分が選ばれない」＝「自分には価値がない」ですから、当然、女性の間では「誰が選ばれるか合戦」が繰り広げられることになります。

女性は、このように、もっぱら「誰が一番優秀な男性に選ばれるか」という女性同士の競争の中で生きており、そこでは「私こそが、より優秀な男性に選ばれてやる」という対抗意識や嫉妬心を燃やすことが、もっとも有効な生き残り戦略でした。

その名残は、時代が移り変わり、男女平等が叫ばれて久しい現代でも根強く残っているようです。「自分がどうしたいか」ではなく、「どうしたら自分は選ばれるか」という意識が、女性は男性よりもはるかに強いと考えられるのです。

「選ばれたい」というのは、煎じ詰めれば「媚び」につながりやすく、「相手にもっと近づきたい」「自分をわかってほしい」という意識とも相通じています。いうまでもなく、これらは「相手より一段下」の意識です。

つまり、古来、刷り込まれてきた一般的傾向として、女性は「相手より一段下」の意識を持ちやすいのではないか。現実に女性は男性の一段下にいるということではなく、歴史的・社会的に、女性は、そういう意識を持ちやすくさせられてきたのではないか、ということです。

では、女性が陥りがちなこの意識から脱出するためには、どうしたらいいか。おそらく「かっこいい男性」的な意識を一部取り込むことにするのが、戦略上、もっとも話が早い。それをひと言で言い表すと、「ダンディ」だったというわけです。

誤解してほしくないのですが、これは、断じて「女としての自分を捨てろ」「男になれ」という話ではありません。「ダンディ」な「女性」、という言葉にも表れているように、あなたという女性は、もちろん、そのままの女性でいいのです。

そのうえで、振り回されない人になるための「戦略」としてダンディな意識をインストールし、普段の「表情」に、「動き」に、「話し方」や「声」に反映させるということ。ダンディズムという新しい道具、武器を使えるようになろうという話なのです。

method 2

嫌われない、
憎まれない
「断り上手」になる

断り上手5つの心得

メソッド1では、振り回されない人のベースとなる意識のあり方と行動様式についてお伝えしました。「相手より一段上」の意識と行動になるという話でしたね。

次のメソッド2は「断り方」。ここは戦術のハンドブックのようなものですから、自分にできそうなもの、あるいは状況に合わせて個別に活用してください。

とはいえ、断り方にも基礎があります。

次の5つを頭に入れておくと、その後で紹介していく一つひとつの断り方も、より的確に使っていけるでしょう。

①「断る」とは「通達」である

まず重要なのは、断るという行為は「会話」によってなされるものではなく、一方的な「通達」によってなされるものである、という意識です。

「話せばわかってくれる」的な意識で断ろうとすると、なぜ断るのかを説明し、わかってもらおうと話が長くなります。話が長くなればなるほど、相手もそれに対抗する言い訳を用意し、最終的には口達者に押し切れる人が勝つのです。

これからは、断るという行為は一方的な「通達」であると心得ましょう。

相手がどう思おうと、断る理由を理解しようとしなかろうと関係ありません。ただただ「あなたの意向には添えない」ということを一方的に告げるつもりでないと、いつまでも「ノー」と言えない人のままです。

〈ポイント〉「会話を終わらせる」と心得る

「通達」の意識で一方的に「あなたの意向には添えない」と告げたら、そこで相手との会話は終了します。「断る」とは、「会話を始める」ものではなく、「会話を終わらせる」ものなのです。

何かを頼んできた、あるいは誘ってきた、その相手に、交渉の余地なしの「ノー」と通達することで、会話を終わらせるのだと心得てください。

ご想像のとおり、これはまったく気持ちよくはない、気まずい行為です。

しかし、それは避けたいといっても始まりません。なぜなら、そもそも「断る」とは、そういうものだから。会話を一方的に断ち切るには多少の勇気もエネルギーも必要であり、その結果、気まずくなるものなのです。

ただし、気まずいまま放っておくわけにもいきませんので、本章では断った気まずさを払拭する方法も紹介します。合わせて活用すればいいんだと思っておけば、断ることへの恐れはだいぶ軽減するでしょう。

② わかってもらおうとしない、ただ「諦めて」もらう

断る際に、なぜ会話を試みることが不毛なのでしょう。それは、あなたが「私が断る理由」をわかってもらおうとするのに対し、相手は「あなたが断れない理由（断るべきでない理由）」をわかってもらおうとしてくるものだからです。

このように、お互いに「わかってもらおう」とする応酬になるため、会話は平行線のまま。持久戦に持ち込まれて、結局は、こちらが折れるというオチになっても仕方ありません。

前項でも述べたように、断りたいのなら、わかってもらおうとするのはやめる。そして「諦めてもらう」ように持っていく。すると、もはや会話は成り立たなくなるので、「通達」としての断るという行為が省エネ化されるのです。

〈ポイント〉「自分のほうがどうかしている」という意識

では、どう諦めてもらうのか。

もちろん、頼みや誘いをあなたに引き受けさせることを諦めてもらうわけですが、いかに諦めてもらったらいいか。そのカギは「あなたの頼み／誘いを断る私のほうがどうかしている」という意識です。

まず、「わかってもらおう」とする前提には、「自分には正当な理由がある（断ってもおかしくない）」という意識があります。だから相手は、断る理由を説明するあなたを、「そんなあなたは間違っている」と説得しにかかってくるわけですね。

あなたは、断る理由を相手にわかってほしい。「その理由は自分なりに正しいのだ」と理解してほしい。相手は、自分の話の正当性をあなたにわからせたい。「あなたが断るのは正しくない」のだと理解させたい。

この不毛な応酬が起こらないようにするには、始めから「正しい、正しくない」の土俵に乗らないこと。最初からさっさと相手が正しいことにしてしまって、「それにもかかわらず断るなんて、私はおかしいよね」という論法にすればいいのです。

相手が正しいとすると、逆効果になると思ったかもしれません。「正しいのはこちらなのだから、頼みを引き受けろ／誘いに乗れ」とあなたを押し切る強い根拠を、相手に与えてしまうのではないか、と。

でも、考えてもみてください。

「あなたは正しい。でも、どこかおかしい私は、その話に乗らないんです」と言われたら、相手はどうしたらいいのでしょう。正しいのは自分だとすでに認められているわけですから、正しさを主張して引き受けさせることはできません。

「あなたは正しいけれど、ノー」と言い切られると、このように、相手は説得する糸口を失ってしまう。かといって説得以外に有効な手段はありませんから、説得できないとなれば残された道は1つだけ、「諦める」しかなくなるというわけです。

③「切り捨てる覚悟」をして手放す

切り捨てる覚悟をして手放す。これは、「私は直に手を下して相手を切り捨てたいわけではないけれども、私の振る舞いによって、相手が自ら離れていくのはしょうがない、引き止めない」という意識です。

決して自分が切り捨てるわけではない、ただし、そういう「覚悟」をもって「手放す」。自分が「相手を切る」のではなく、相手に「自分を切ってもらう」「自分を切りやすくしてあげる」。そういう方向へと持っていくということです。

あなたを振り回したくて近くにいる相手に、それを諦めさせて退散させるということですから、前項の「諦めてもらう」と地続きの意識といっていいでしょう。

嫌われたら厄介だけれども、速やかに相手と離れたい、自ら離れていってほしいと思っている場合は、この意識をもっておくと便利です。

では、この「切り捨てる覚悟をして手放す」というのは、具体的には、どういう意識でしょうか。どういう気持ちでいたら、この意識になれるでしょう。

ひと言でいうと、それは「ごめんね」という気持ちです。

何が「ごめんね」なのかというと、「私はあなたの期待しているような人間ではないし、今後も変わる予定はないので、ごめんね」という気持ちです。

〈ポイント〉「あなたの期待に応えるつもりがなくて、ごめんね」

「あなたの期待に応えられなくて、ごめんね」ではありません。

「あなたの期待に応えるつもりがなくて、ごめんね」です。

この2つの違いはわかりますか？

「あなたの期待に応えられなくて、ごめんね」だと、相手の期待に応えようとしているのに、うまくいかない自分を反省し、詫びていることになります。相手は、「私の期待に応えるには、こうしろ、ああしろ」と相変わらず振り回そうとするでしょう。

そうではなくて、そもそも相手の期待に応えようとしていない。応える「つもり」がない。だから「ごめんね」であり、「そんな私でもよければ付き合い続けてもいいし、もし気に入らないなら、離れてくれてけっこうです」ということなのです。

「この人は自分の言いなりにはならないんだな」と、あなたを振り回すことを諦めてもらうわけですね。

もし付き合い続けることになっても、「あなたの期待に応えるつもりはない」という前提ありきの付き合いになりますから、主従関係には陥りません。

とくに「断る」という局面では、これは前項の「私のほうがどうかしている」との合わせ技と考えると、より理解しやすいかもしれません。

「あなたは正しい。それを断る私のほうがどうかしているんです。そんな私は、明らかにあなたの期待しているような人間ではないし、今後も変わる予定はないので、ごめんね」

こうしてみると、最後の「ごめんね」の重要性も、より明らかではないでしょうか。

この「ごめんね」がないと、「今後も変わる予定はありません、以上」と宣言し、相手をブッツリ切り捨てるかのようになります。

でも、できるだけ相手との間に波風は立てたくないはずですから、「ごめんね」という気持ちを添える。「こんな私で、本当に困ったものですよ。ほんと、ごめんなさいね」と、あえて自分を落としてみせる。

つまり、この「ごめんね」は、相手に対する心からの謝罪ではなく、相手の期待に応えないことで敵意を向けられないためのクッションなのです。

④ 言葉は「短く、言い切る」「爽やかに、はっきり言う」が基本

「短く、言い切る」というのは、要するに、クドクド、ダラダラと長く話さないという意味です。陰気臭くてもいけませんから「爽やかに、はっきり言う」こと。

世間では「簡潔明快に、はっきりものを言う人」がよしとされています。この常識を味方につけると考えてください。

爽やかにはっきりと断られたら、相手だって潔く引くしかありません。ここでクドクドと説明を試ようとするから、結局は押し切られる羽目になるのです。

メソッド1で、普段は「地声でゆっくり」話し、断る時だけ急に容赦なく「短く、爽やかに言い切る」、この「ギャップ」が効果的なんだ、と伝えました。

実は多くの人は、普段からこの「ギャップ」を「逆」にしているから断れないのです。すなわち、普段は明るく爽やかに話しているのに、断る時だけ、急に歯切れの悪い低い声になる。これでは、断れるわけがないし、相手に「押せば何とかなる」と思わ

れるのも当然です。

ですから、今日からはその「ギャップ」を逆転させてみましょう。

普段は「地声でゆっくりオトナの雰囲気」、その上で、断る時だけ急にスイッチを入れて爽やかに、軽やかに言い切ってやるのです。「あ、無理です！」って。

このギャップを意識すれば、あなた自身めちゃくちゃ断りやすくなるし、そもそも相手も、そんなあなたを振り回せるとは思いません。

〈ポイント〉　長く話すほどに勢いは削がれ、感情が見えやすくなる

断るときに、「自分をわかってほしい」という気持ち、さらには断ることへの罪悪感や相手に対する気づかいがあると、つい長く話しがちです。

ここでは意図的に、心と違う動きをしましょう。

わかってほしいという気持ちも、罪悪感も気づかいも、否定する必要はありません。消すべきものでもありません。ただ、その「感情」と、「断る」という行為を切り分ける必要はある。そうしないと断り切れません。

長く話すほどに勢いは失われます。

また、言葉を重ねるほどに自分の感情が相手に見えやすくなります。この過程で相手に「もっと押せば、何とかなる」と思われ、結果として「断る」という行為を完遂できなくなる。なし崩し的に受け入れることになってしまう。振り回されがちな人に、よくあることです。

話の内容などによっては、長く話さなくてはいけない場合もあるかもしれません。ただし長く話すと押し切られるリスクが高まるということは、ぜひ、わかっておいてください。極力、避けたほうがいいのです。

⑤ 無理じゃなくても「無理」と言おう

無理じゃなくても「無理」と表明するというのは、限界に達するよりずっと前に「あなたのその期待には応えられない」と相手に示すということです。

たとえば、「私ひとりで3人分の仕事をさせられている」と愚痴っている人がいるとしましょう。私が実際によく目にするケースです。

そこで「じゃあ、4人分の仕事を押し付けられたらどうするんですか?」と尋ねると、決まって「そうなったら、さすがに抗議します」と返ってきます。

要するに限界まで我慢して、それ以上を求められたら初めて、「さすがに、それは無理です」と断る、というわけですが、「さすがに」って、いったい何なのでしょう。2人分、3人分の仕事を押し付けられた時点で、断ればいい話ではないでしょうか。

限界ギリギリになってから断るとなると、かなり強く圧力をかけなくてなりません。

子どもが暴力的にじゃれてきている様子を想像してみてください。

最初は「あ、痛～い、やめてよ」とソフトだったものが、次第に「痛い！　やめて！」「痛いってば！　やめなさい！」とだんだんハードになっていき、それでもやめなかった場合、こちらも暴力的な対応になりかねません。

限界ギリギリに達するまで断ることを先延ばしにすると、あなたを振り回そうとしている人に対して、こうしたハードな対応をしなくてはいけなくなります。自分が払うべき労力が大きくなるのです。

いきなり反旗を翻されて驚いた相手が、あなたへのコントロールを強めたり、敵意を向けてきたりすることにもなりかねません。

だから、何にせよ断るなら早く言うに越したことはない。本当に無理になる前に、「無理」と表明すると心得ておきましょう。

もしかしたら「無理」という感覚自体が麻痺している人もいるかもしれません。

ここでも、感情と言動を切り分けるということを思い出してください。

あなたの内なる声が「無理」と言っていようといなかろうと、実は、どちらでもいいのです。ただ「早めに断る」という言動を選ぶ。そのための戦術を使う。するとと、断ることを先延ばしにした末にきっと傷ついていたであろう、あなた自身は結果的に守られます。感情「で」動くのではなく、感情「のために」言動を選び、自分の心を守りましょう。

〈ポイント〉　ギリギリまで無理しなくても、充分、評価されている

いざ早めに「無理」と表明してみたら、おそらく気づくでしょう。早めに「無理」と言ったところで、別に周囲の評価が下がるわけではないんだ、と。ギリギリまで無理しなくたって、充分、あなたは評価されているはずなのです。

もしあなたが、あなたを振り回す人に言われるまま限界に挑戦しつづけているのなら、その人との関係性のなかで「ギリギリまで頑張らないといけない」と思わされているだけなのでしょう。

本当は限界に達するまで頑張らなくてもいいし、すでに充分やっている。自分自身を守るために、こういう思考グセも一緒に身につけたいところです。

そして「無理」なものは無理、断り始めたら断り切ること。

最初は断る素振りを見せても、結果的には折れる。こういうことが重なると、相手はあなたを「押せば何とかなる人」と思うようになります。すでに、特定の相手にそう見なされている人もいるかもしれませんが、今からでも変えていきましょう。


相手が譲歩したり、条件を出してきたりして、こちらが折れるケースはあってもかまいません。

ただし、これが「押せば何とかなる」という印象を相手に抱かせることにつながるというのは、わかっておいてください。今まで押し切られることが多かったのも、結局は自分が折れてきたからかもしれないな、という自覚も必要です。

あくまでも基本スタンスは、断り始めたら、断り切る。

それができないから困っているんだと思われたでしょうが、そういう人のために本章があるのです。断り上手の5つの心得を頭に入れていただいたところで、次からは、断り方の具体的な戦術を紹介していきましょう。

これでもう押し切られない！「断り方」の戦術13

まず覚えておきたい基本編

① 断り方をシミュレーションする

これから断り方の戦術を紹介していきますが、そのうちどれでもいいので、「次に何か言われたら、こう断るぞ」とイメージしておくことをおすすめします。

今まで振り回されてきた人は、そもそも「断る」という行為に慣れていません。断るという行為に慣れていないから、何回も何回も「ああしろ」「こうしろ」と言われて、振り回されてきた、ともいえますね。

もし、本書でひととおりの断り方を知っても、いざ頼まれたり誘われたりしたときに適切な言動を選べない。相手に押されるままとなって結局は断れなくなってしまいます。それを避けるためにも、自分のなかでシミュレーションしておいたほうがいいのです。そして、いざ引き受けたくない頼みごとや、乗りたくない誘いが来たら、シミュレーションどおりに「エイッ！」と実践するつもりでいてください。

これには、実はもう1つ効能があります。

「次に何か言われたら、こう断るぞ」という意識は表にも現れます。そう思っておくだけで「断る人のオーラ」が醸し出され、威圧「感」をまとうことができるのです。

その威圧「感」は、今まであなたを振り回してきた人にも確実に伝わります。

「これからはきっぱり断るんだ」という意志と、「こう断るんだ」というイメージをもつだけで、実際に断らなくてはいけない局面自体が減る可能性が高い。まさに「戦わずして勝つ」というわけで、シミュレーションしておくこと自体が、ひとつの戦術ともいえるのです。

断りたいときには、「迷っている」ような振る舞いをするのは、よくありません。あなたは「どう断ろうか」と逡巡しているのかもしれませんが、相手は、その様子を「迷っている人を、もうひと押しするチャンス」と見なします。

②一瞬、考えるフリをする

断り上手の心得にも「短く、言い切る」「爽やかに、はっきり言う」というものがありました。モゴモゴと口ごもるよりも、パンッと言い切ってしまったほうが、ほとんどストレスなく相手を潔く引かせることができるのです。

ただし、何かを頼まれた、あるいは何かに誘われた、その瞬間に「できません」「行けません」と回答するのは、あまりにも取り付く島がなく、印象が悪くなります。

だから、一瞬、考えるフリをする。

「迷っている」のではなく「考えている」「検討している」という印象を与えます。

この、ほんの少しの「間」をとることで、「あなたの頼み／誘いに応えられるか考えてみたところ、応えられないということが判明しました」というニュアンスを出しましょう。セリフにすると、こんな感じです。

「あー……、あ、すみません、できません」

「あー……、あ、すみません、行けません」

最初の「あー……」のときは、ちょっと上のほうを見たりして、考えている風にします。そして「あ、すみません、できません（行けません）」は、断り上手の心得のとおり、一切迷いなく「短く、言い切る」「爽やかに、はっきり言う」というのを貫きます。

すると相手は、「ちゃんと考えてくれたんだ」という印象を抱きます。つまり最初の「あー……」は相手に対する「優しさ」なのです。相手は、まず「優しさ」を差し出されたら、結局は断られても敵対心は抱きません。これで自分の印象を悪くすることなく、相手に「そっか、わかった」と潔く諦めてもらうことができるというわけです。

《これはNG》
・キョトン顔
・目が泳ぐ
・下を向く
あー……
あ!
気づく
考えるフリ（本当に考えても良い）

そうなの
仕方ないね
すみません。
できません。
今気づいちゃった（ウソ）

③ 相手を肯定しまくる

断り上手の心得には、「断る自分のほうがどうかしている」という意識で、相手に「諦めてもらう」、というものもありました。

それを実際の戦術としたのが、ここで説明する「相手を肯定しまくる」です。

複雑な術ではありません。

相手が言っていることが、いかにも優れていて正しく、誰もが受け入れて当然なのだと最初に示す。

「そういう話を私にもってきてくれて、ありがとう」

と感謝を示すのも効果的です。

こうして、さんざん相手を肯定しまくった後に「短く、言い切る」&「爽やかに、はっきり」断ります。

「でも、私はけっこうです」
「今回は遠慮しておきます」

今の話でわかったと思いますが、「短く、言い切る」&「爽やかに、はっきり」というのは「断るときの言葉だけ」です。相手を肯定するパートは長くなってもかまいません。

むしろ相手を肯定するパートは長いほうが、「肯定されている」「共感してもらっている」という相手の満足感が高まり、最終的にきっぱり断っても、あなたは敵対心を向けられにくくなるといっていいでしょう。

断るときは、「断る理由～『だから』断る」という論法よりも、「断らないほうがいい理由～『なのに』『にもかかわらず』断る」という論法のほうが、はるかに効き目は強いのです。

断る理由を言うと、相手は「その理由を覆してやろう」と思ってさらに押してくるでしょう。でも、断らない理由を言うと、相手は「そこまでわかっているのに断るということは、もう無理なんだろうな」と諦めざるをえなくなるのです。

実践のイメージがつかめるよう、1つ具体例を挙げておきます。

たとえば、何かの集まりに誘われたとき。

「へえ〜、そういう会があるんだ。なるほどね、誘ってくれてありがとう。すごく魅力的だね。あなたの言うとおり、楽しそうだと思う。メンバーもみんな素敵な人たちみたいだし。**でもね、私は、今回は遠慮させてもらうわ。**ほんと誘ってくれてありがとう。楽しんできてね」

この例でいうと、「短く、言い切る」&「爽やかに、はっきり」を適用するのは、「でもね、私は、今回は遠慮させてもらうわ」のところだけです。

本項の冒頭で、相手を肯定しまくるというのは、「相手の話が、いかにも優れていて正しく、誰もが受け入れて当然だと示す」ことだと説明しました。となると、その都度何を肯定するかを考えなくてはいけないように思えたかもしれません。

でも、そんなことはないのです。

先ほどの実例を、もう一度見てください。

「魅力的」「楽しそう」「素敵」とは言っていますが、その会は何が魅力的で、どう楽しそうなのか、誰がどう「素敵」なのかには、いっさい触れていませんね。

つまり、何をどう言おうか考える必要はありません。汎用性の高いポジティブワードの定形文を準備しておけば、ほとんど頭を使わなくていいのです。

「魅力的」「楽しそう」「素敵」「興味深い」「タメになりそう」「元気になれそう」「すごい」「おトクな話」「成長できそう」「勉強になりそう」——こうした言葉を組み合

わせるだけです。

たとえば、

- 女子会などの会合への誘いだったら「魅力的」「楽しそう」など
- 自己啓発セミナーへの誘いだったら「タメになりそう」「成長できそう」など
- マルチ商法や、投資セミナーへの誘いだったら「おトクな話」「勉強になりそう」など

という感じで相手を肯定しまくっておいてから、「でも、今回は私は遠慮しておくね」と断る。

このように持っていけば、相手は、まず肯定されているので、あなたに対する敵対心は生まれづらく、なおかつ、もうひと押しも何もできなくなって引き下がるしかないのです。

④ 誰かのせいにする

断るときに、清廉潔白も何もありません。

ウソをついて簡単に断れるのなら、つけばいいと思います。

あなたを振り回す人がいる。あなたは、その人のコントロールから外れたい。そのためのウソならば何も悪くありません。「ウソをついてしまった」などという罪悪感にさいなまれる必要もありません。

そもそも、本当はサクっと断っていいし、断るべきところで、断り切れずに振り回されてきた。だから今になって、断るための「戦術」を身につけようとしているわけですよね。

ならば今後はしっかり自分を守っていくために、小狡い言動も多少は選べるようになりましょう。

「誰かのせいにする」というのは、まさに、断るために有効なウソ。「私はいいのだけど、私の身近な人にとってはよくない。だから断る」という論法です。

たとえばママ友からの誘いなどは、この戦術が使える典型例でしょう。

「誘ってくれてありがとう。でも、こういうの、夫がすごく嫌がるの。前にも似たようなお誘いがあったんだけど、行って帰ってきたら夫がものすごく不機嫌で……しばらく険悪になっちゃったの。子どももかわいそうだった。だから遠慮させてもらうね」

ここで言外に匂わせているのは、「あなたの誘いを受けたら、また夫婦仲が険悪になって、子どもが悲しむ可能性が高い」ということです。

つまり、これは、相手の誘いを受けることに、どんなリスクがあるのかを示すことで、「じゃあ、しょうがないか」と相手に思わせるという作戦なのです。

したがって、そのリスクは大きければ大きいほど効果的です。

極端にいえば「殴られて顎の骨が折れた」なんて言ったら、相手は恐れおののいて引くしかありません。とはいえ、相手にウソとばれては効果がなくなってしまうので、「あり得る範囲で大きめのリスク」を設定するといいでしょう。

⑤「第三者」に対して怒ってみせる

この戦術も、前項と同様、自分以外の誰かを理由にして断るというものです。

前項の「誰かのせいにする」では、相手の誘いに乗ることで生じる「リスク」を示しました。ここで示すのは、「怒り」です。「私は行きたいのに、第三者のせいで行けない。本当に腹が立っている」という様子を相手に見せるのです。

もちろん、前項同様、「誘いに乗れない理由」として示す第三者の事情は、ウソでかまいません。

この戦術は「どちらかというと乗るべき誘い」を断りたいけど、正当な理由がない、というときに使うといいでしょう。第三者によって持ち込まれた(と相手に思わせる)事情が深刻であれば、相手もあなたに無理強いはできません。

たとえば、ママ友の懇親会に誘われたとき。ただ「行かない」というだけでは反感を招く恐れがありますが、次のように断れば、相手は引き下がるでしょう。

「今度の土曜日の会ね、行こうと思ってたんだけど、実家の母が調子悪くて、どうしても今週末に来てくれって聞かなくて……。何か予定があるときに限って、こういうこと言ってくるんだよね。ほんと、ムカつく……（はあ、と強めのため息）」

ここで槍玉に挙げる第三者は、「実家の父母」「義理の父母」「祖父母」など、自分にとって「できるだけ言うことを聞いてあげないといけないない人」がいいでしょう。

とくにママ友だと、相手は自分の身にも当てはめて、あなたの置かれた状況を想像するはずなので効果てきめんです。

これでたいていは「そういうことなら、お母さんのところに行ってあげて。こっちは大丈夫だから」などと引き下がるはずです。しかし、中には巧妙に説得を試みる人もいるかもしれません。

「お母さん、大変かもしれないけど、あなたにも自分の生活があるわよね。本当に今週末でないといけないのかな？　それに、絶対に、あなたが行かなくちゃいけないのかしら？」

こういう場合は、相手の言い分に乗っかってあげましょう。「行けない理由」となっている第三者を「共通の敵」として、一緒に責めるイメージです。

「いや本当に。それ、私が言ってやりたいわ……（はあ、と強めのため息）」
「だよね……。なんで今週末？　なんで私？　私が聞きたいよ、まったく……（はあ、と強めのため息）」

当然ですが、相手の言い分に乗っかりはしても、受け入れはしません。
あくまでも「思いはあなたと同じ」と見せかけるに留める。そして「これはもう決定事項だから、あなたと話しても覆らない（もう話さないでほしい）」という雰囲気を漂わせる。最後の強めのため息は、そのサインです。

この姿勢を貫くつもりでないと、相手に気圧されて、「わかった、やっぱり、ちょっと母に聞いてみるね」などと、余計なことを言い出しかねません。

このように怒りを隠しもしない素振りを見せることで萎縮するのは、実は相手です。あなたは、「来てね」と押してくる相手を、第三者に対する怒りを介して、間接的に押し返しているのです。

最後に1つ留意点を。

怒りを露わにするとはいっても、大きな声を出すなどヒステリックな感じにはしないでください。文字にすると「!」ではなく「……」という感じで、静かなる怒りを見せる。そうしたほうが威圧的な雰囲気になり、効果を最大限に発揮できます。

だよね…。なんでよりによって…。
私が聞きたいよ
はあ…（ため息）
ここで切り上げるつもりで

⑥ 生理的な反応を見せて、相手を黙らせる

断り上手になるには「わかってもらおうとしない」こと、と前にお伝えしたように、断る際に「説明」は無力です。

ロジカルに説明してわかってもらおうとすればするほど、相手は、それを上回る説明をもってこようとするからです。

だから、「諦めてもらう」ように誘導するわけですが、ここでお伝えする「生理的な反応を見せる」というのは、その具体的戦術の1つです。

生理的な反応とは、具体的に言うと「怖い」「無理」です。

「嫌だ」は我が強い印象を与えますが、「怖い」「無理」というのは、本人にもどうしようもない生理的反応という感じがするので、どちらかというと「かわいそう」寄りの印象になるのです。

この戦術は万能とはいえませんが、「私がやっているネットワークビジネス、絶対儲かるから何口か買ってよ」『高学歴のイケメンばかり集まる合コンやるんだ、来てよ」

など、「よくわからないもの」に誘われたときには効果てきめんです。

「えー、そういうのって、なんか怖いかも……。うわ、怖い怖い怖い怖い！　ごめん、遠慮する」

「へえ～、大丈夫かな……。あああ、ムリムリムリムリ！　ごめん、行けない」

「う～ん、そういうの、ちょっと苦手なんだよね。わああ、ムリムリムリ。ごめんごめんごめん、やっぱりムリだわ～」

ポイントは、このように「怖い」「無理」と連呼して、「本当に怖がっている」ように見せること。

相手にその言葉を伝えるという意識ではなく、独り言のように連呼して、相手との会話を成立させないようにします。つい自分のなかで想像してしまってゾッとした。それが思わず「怖い怖い怖い怖い！」「ムリムリムリムリ！」と表情や言葉に現れてしまった、という感じです。

相手としては、こんなふうに説得を遮られたら、それ以上、押しようがありません。お化け屋敷を嫌がる人は、いくら作りものとわかっていても、嫌がりますよね。

いくら「怖くないよ！」と言っても、「怖いものは怖い」という人の恐怖心を取り除くことは容易ではありません。人の思考はロジックで変わる可能性がありますが、人の生理的反応を変えるのは、ほぼ不可能なのです。

このように、変えようのないものを惜しげもなく見せて、相手との会話を破綻させる。つまりこれは一種の威圧「感」です。

そこで人の生理的反応さえも無視して押し通そうとする人など、そうそういないはずです。

なぜなら、「怖い」「無理」と拒絶感を示している人に、「いや、大丈夫だから」と無理強いするのは人道にもとる行為であり、誰も自分を「ひどい人間」とは思いたくないから。「そんなに怖い／無理なら仕方ないね」と諦めるしかありません。

⑦ 納得はしながら、説得されない

皆さんが、何かをやろうとするとき、世間体や常識、同調圧力によって、それを阻まれそうになる時がありますね。

そういう時に使える、「世間体から自由になる方法」というのがあります。これは、ここまでご紹介してきた基礎テクニックの応用なのですが、できそうな人は参考にしてみてください。

コツは、一言で言うと「変人のポジションを買って出ること」です。

たとえば、次のようにやります。

まず、あなたがやってることや、やろうとしてることを他人から否定されたり、強く反対されたら、その相手に対して、一旦こう切り返してください。

「確かに！」って。

その上で、自分がそうすることによって生まれるデメリットや、損を、堂々と語ります。

「そうなのよ。私がやろうとしてることにはこんな損があって、こんなリスクもあって、合理的に考えると、どう考えても賢い選択ではないのよね」

そしてついでに、その相手が言ってくる、「そうしないほうがいい理由」「あなたがやってることがダメな理由」についても、積極的に乗っかってみてください。

「確かにそうなの」「うん。そういう損もある」

その上で、次のように締めくくります。

「そういうわけで、**私は、それでもやりたいからやるけど、**一般的には間違ってると思うから、他の人にはおすすめしないよ」

こうすると、十中八九、相手は黙ってくれます。

しかも、相手をイラつかせずに済むし、上手くやると、むしろ好感度は上がります。

この、「納得はしながら、説得されない」というのは、前に述べた「相手を肯定しまくる」と同種で、「私のほうがどうかしている」の応用です。

「なるほど、たしかにあなたの言うとおりだ」と一旦納得してみせて、しかし説得はされない。「私はあなたの言うとおりにはしないんだ」と示します。

これは、「そんなこと、絶対にしないほうがいいよ」「これは絶対にやったほうがいいよ」などという相手の強い反対もしくは、しつこい推奨を、一気に突っぱねたいときに使えます。

たとえば、次のような言い方があります。

「なるほど、たしかにね。私がやろうとしていることには、こんなリスクがあって、もしリスクが現実になったら、これくらい損害が生まれるから、合理的に考えれば、私がやろうとしていることは賢いとはいえないよね」
「なるほど、たしかにね。あなたが言っていることには、こんな可能性があって、もし可能性を最大限に活かせたら、すごく自分に有利になるから、絶対やるべきだよね」

こんなふうに、全面的に相手に「納得」して見せた上で、次のように「説得」はされません。

「だから、もし似たようなことをしそうな人がいたら、止めてあげないとね。**私はやるけどね。**危なかったー！　私、もうちょっとで他の人にも勧めるところだったよ！気づかせてくれてありがとう」
「だから、もし似たようなところで立ち止まっている人がいたら、こういうの、おすすめしてあげるよ。**私はやらないけど。**ともあれ、話、聞けてよかった！　ありがとう」

ご覧のとおり、「説得されない」パートは、ほぼ、埋没している「私はやるけど」「私はやらないけど」のひと言だけ。このように、しれっと、さりげなく入れ込むほど、逆に「私は絶対にそうしないよ」感が出ます。

ここでぜひ、付け加えてほしいのは、「あなたの言うとおりにしない、私のほうがどうかしている。そんなどうかしてる私、面白くない？」というニュアンスです。「どうかしている私」を相手に見せ、一緒に面白がろうとするわけです。

たとえば、もし先ほどのように、「私はやるけど」「私はやらないけど」と言っただけでは話が終わらず、

「いや、だから、やめたほうがいいってわかってるんだよね？　じゃあやめなよ」
「いや、だから、やったほうがいいってわかってるんだよね？　じゃあやりなよ」

などと、相手がしつこく追い打ちをかけてきたら、言ってみてください。

「そう！　そうなの。それ、わかってるわけ。で、そこまでわかってるんだったら、普通やるでしょ？　なのにね、見てごらん。私、やらないの（笑）これ面白くない？そこまでわかってるのに、それなのにね、絶対にやらないわけなの。こういうところよね。こういうところが、私の一番チャーミングなところなのよね。あ、チャーミングといえば、昨日、すっごいチャーミングな犬がいてね……」

こういうふうに、自分のほうが積極的におかしくなってあげて、その自分を、相手と一緒に笑うと、相手とあなたは同じ方向を向くことになるので、相手も嫌な気持ちになりません。

そして、今の例にもあったように、最後に「……といえば、先日も……」と別の話題に移ってしまうというのも効果的です。

もしそれでも相手がしつこかったら、さらに有無を言わせぬ一撃、

「うんうん、もうね、これはそういう病気なんだと思ってください（笑）」

こうすると、だいたいの人が説得を諦めてくれます。

相手が笑っているか、本当に一緒におかしがってくれているかは、この際、どうでもいいことです。とにかく、「こんな私で、自分でも笑っちゃうよ、まったく」という体で押し通し、相手をけむに巻き切れば、あなたの目的は達成されるのです。

⑧ 意外とできる！　「一撃で断る最強ワード」

そろそろ断り方の戦術にも慣れてきたころではないでしょうか。

ここでちょっと強めの戦術を紹介しておきましょう。読んだ瞬間に「そんなの、できない！」と思われそうですが、慣れれば意外とできる。しかも効果絶大なので、ぜひ試してほしい戦術です。

その戦術とは、相手に何か頼まれたときに、次のように言うこと。

「うわ〜〜〜、いやだ〜〜〜〜〜」

（「ちょっと考えている」風の間を置いて）「やだやだやだやだ」

この戦術のポイントは、相手の意表を突くことです。だから「あっけらかん」と言い切る。相手は、あなたがそこまで、はっきり言うとは思っていないでしょう。びっくりして「え？　あ、じゃあ無理だな」と思わせるようにするのです。

さすがに上司など目上の人に使うのは危険だと思いますが、家族や知人、ママ友、仕事の場でも同僚や少し先輩の人など、意外と幅広く使える戦術です。

もしこれを「断る術」として使いづらいと感じたら、「妥協案を相手に受け入れさせる術」として使うと考えてください。

あまりにも、あっけらかんと「うわあああああ、いやだああああああぁぁ」と言うと、たいてい相手は笑います。

そこですかさず、「でも、これくらいならできるけど」と妥協案を提示する。

すると、「も〜う、わかったよ、じゃ、それでお願い」という具合に、相手に受け入れてもらいやすくなります。

⑨「大きな声」だけでも効果的

相手の意表をついて引かせるという意味では、単純に「大きな声で断る」というのもおすすめです。

たとえば会社で先輩から、「今日、飲みに行かない？」と誘われたとき。

「あー、すみません。今日は残業があるんです」
「あー、すみません。今日は先約があるんです」

という何の変哲もない断りの言葉を大きな声で言うのです。

大声を出すこと自体に最初は抵抗があるかもしれませんが、声の威力は、自分で思っている以上に強いものです。

大声にビクッとした経験は、誰にでもあるでしょう。大声に反射的にひるむという生理的作用がある。それを相手にもたらそうというわけです。

ただし、これが威圧「感」ではなく、「威圧」になっては逆効果です。

「威圧」にならないようにするには、そのセリフ自体を攻撃的にしないことです。あくまでも、棘のない、穏やかでフレンドリーな言葉を選び、それを音量だけ大きくして言うことで、「優しさ」と「威圧感」のバランスが取れ、相手にも嫌な印象を与えません。一瞬、ビクッとはされますけどね。

⑩ 断る勇気がない時は、「とりあえず黙る」

⑧の戦術も⑨の戦術も、いくら効果的だろうと、まだ自分にはハードルが高いと思ったかもしれません。

そういう人には、まったく逆の戦術をおすすめします。

はっきり断れなくても、「イエス」とさえ言わなければ、少なくとも相手の頼みや誘いを受け入れたことにはなりません。

実は「沈黙」も、断る際に効果的なのです。

この戦術のポイントは「思案顔」を浮かべること。

ただ黙るだけだと表情は「キョトン」としがちで、そういう表情に人は生理的にイライラするものです。そのせいであなたのイメージダウンにつながったり、相手と敵対したりするのは避けたいので、「考えている」風の表情を浮かべて黙る。

きっぱり断るのは難しくても、「黙る」ことなら誰にでもできるでしょう。そこで「思案顔」を浮かべるという、ちょっとした一要素を加えるだけで、一気に断る導線を引くことができるのです。

ここでも心得ておいてほしいのは、これはパフォーマンスだということです。あなたは「思案顔で黙る」という役を演じている。だから「思案顔」を浮かべながら、本当に何かを考えなくてはいけないわけではありません。頭の中は真っ白でも、「あー……」と考えている顔をつくればいいのです。

この戦術の応用編として、相手が言っていることをリピートしてから黙る、というのも効果的です。

たとえば、「これこれを、今日中にやっておいて」と言われたら、

「これこれを、今日中ですかぁ……（「思案顔」で沈黙する）」

という感じです。

すると、たいてい相手側が沈黙に耐えられなくなり、「じゃあ、いいや」と引き下がるなり、「今日が無理なら明日は？」などと譲歩するなりしてくるでしょう。「沈黙」という武器によって、あなたは会話の主導権を握ることができるというわけです。

誰にでも実践しやすく効果的なぶん、一度やってみると、「自分にも断ることができた」という自信につながるのです。その自信を心の糧に、「じゃあ、今度はこういう断り方をしてみよう」と、ほかの戦術を試してみたくもなるでしょう。

こうして戦術のバリエーションが増えれば増えるほど、あなたは「相手の言いなりにならない人」「振り回されない人」になっていけます。

⑪「できること」だけ引き受ける

時と場合によっては、どうしても断りづらいこともあるでしょう。

なかには、どうしても断るのが苦手という人もいるかもしれません。

戦術⑩「思案顔で黙る」というのも実践しづらい……、そんな場合は、さらにハードルが低い方法があります。

それは「こちらから妥協案を提案する」というもの。

１００％は無理だけど、できる範囲でなら引き受けられる。それをあなたから提案すれば、それだけでも「振り回されている」という状況に一石を投じたことになります。

相手の要望を一部的に受け入れるとはいえ、あなたが提案したものを相手が飲むわけですから、関係性の主導権はあなたの手に渡るのです。

だから、もしそれを相手が飲まなかったとしても、あなたは相手の提案を無下に断ったわけではなく、ちゃんと相手に代替案を提示してあげていて、それを相手の側が断ってるわけなので、それでブツブツ言われても、良心は咎めません。

やり方としては、たとえば、知人に何か頼まれたとき、誘われたとき、あるいは目上の人に何か頼まれたとき、誘われたとき。


「ごめん。それはできないけど、これならできるよ」

「ごめん。フルで参加はできないけど、最初にちょっと顔を出すくらいならできるよ」

「すみません。それは難しいですが、これくらいならできます」

「すみません。今日は厳しいのですが、来週の早い時間でしたらご一緒できます」


意外と誰に対しても、どんなケースでも使える戦術です。

この戦術のメリットは主導権を握れることだけではありません。実は、このように「できることだけ引き受ける」ようにしたほうが、あなたに対する信頼度が上がるのです。

人に振り回されがちな人は、苦手なことや、できないことまで二つ返事で引き受けがちです。ひょっとして、あなたにも、そういうところはありませんか？

引き受けてしまった以上は、やるしかない。しかし、苦手なものは苦手だし、できないものはできません。

こうして、相手の期待どおりの成果を出せずに失望され、あなたには「できない人」という烙印が押される。すると、あなたはますます萎縮した「弱者」となり、相手との主従関係が強化されてしまう。ひとつも、いいことがないのです。

アメリカの実業家であり、ＩＢＭの初代社長だったトーマス・Ｊ・ワトソンに、次のような言葉があります。

「私は天才ではない。ただ私には得意なことがいくつかあって、その得意なことの周りから離れなかっただけなのさ」

自分の優れていることをしていれば、おのずと成果を出し続けることになり、周囲からの評判も否が応でも高まる、という教えです。「天才」とは決して万能な人ではなく、自分にできることだけをやり、できないことを、できないままにしていた人のことなのです。

あなたも、ぜひ、この天才の教えを旨としてください。

「これはできますが、これはできません」と表明すると、面白いことに、「できます」の部分が、よりできるように見えます。そして、できることで成果を出せるのは当たり前ですから、結果として、あなたは常に相手の期待に応えることになります。

こうして評価が上がり、信頼されるとともに、あなたはもはや「弱者」ではなくなり、相手の主従関係から独立した「単独者」になっていけるというわけです。

自分の成長のために、あえて少しチャレンジングなことを引き受ける。もちろん、そういうこともあっていいでしょう。これはこれで、単独者としての決断ですから。

でも、断るのを避けたいばかりに、苦手なことやできないことまで引き受けるのは、先ほども見たように、自分の首をしめることにしかなりません。

だから、基本的には「できることだけ引き受ける」。これを常に意識し、「何をどこまでできるのか」を、相手に明確に示せるようになっていきましょう。

これすらもハードルと感じるかもしれませんが、最初の一歩を踏み出すことが重要です。100%断るよりも、できる範囲で引き受けるというほうが、実践しやすいでしょう。

⑫「何ごともなかったかのように」話しかける

①〜⑪まで、断るための戦術をずらりと並べてきましたが、ここで1つとても大事なことを言います。

断るという行為は、「断ったあとの対処と必ずセットである」ということも、ぜひ一緒に覚えておいてください。

「どう断るか」よりも「断ったあとにどう振る舞うか」で今後の相手との関係性が決定づけられるといっても過言ではないくらい、断った後の対応方法は大切なのです。

いっそ、「断った後の対応さえ間違えなければ、どう断るか自体は大した問題ではない」と考えれば、断ること自体への抵抗感や恐怖心は薄れるのではないでしょうか。

では、相手の依頼を断ったあとは、どう対応すればいいか。それは、「何ごともなかったかのように話しかける」が正解です。

客観的に見てもあなたに落ち度がないのならば、断ったあと、わざわざこちらから連絡をとったり、会いに行ったりする必要はありません。

仮に、断る時点であなたに落ち度があったのだとしても、それなら、その断る時点で謝っていればそれでその件は終わっているのであって、それでもやはり、そのあと延々と、その件を引きずる実益はありません。

ただただ、何ごともなかったかのように会話を始めればいいのです。たとえば次のように。

「そうそう、昨日のあのドラマ、見た？」

「そういえば、今度の打ち合わせなのですが」

「断る」という行為を特別なものにしたら、いつまでも気まずさが残ってしまいます。

だから、何ごともなかったように話しかける。「私って呼吸をするように断る人間なんです」「およそ過去に8万5000回ほどいろんなことを断ってきました」「次回また同じ状況になったら、今回と全く同じやり方で断る予定です」という顔をして話しかけるのが最適です。

そもそも、相手が何かを頼んできた、何かに誘ってきた、あるいは、あなたのやろうとしていることに反対したり、あなたに何かを強く勧めたりしたのは、すべて、相手の勝手です。

その内容自体が、あなたの落ち度に関することでないのであれば、その相手の提案を断ることは、ただのあなたの権利です。

それなのに、もしあなたが罪悪感を持ち続け、申し訳ない態度をしてしまうと、それを見た相手のほうが、本当になんか酷いことをされたような気分になってしまうのです。実際には、されてないのに。だから、相手の一方的な依頼を断った後の対応は「何事もなかったように話しかける」という動きをして、相手もその世界観に引きずり込むことが正解なのです。

もし仮に、次に顔を合わせたときに相手が不機嫌そうにしていても、そんなことには気づかないフリをして、あっけらかんと、何ごともなかったかのように話しかけ、反応が悪ければ、「あ、何か嫌なことがあったみたいだから、ちょっとそっとしておいてあげようかな」というふうに、あえて自分と結びつけずに、とにかく今まで通りに振る舞います。

不機嫌な顔というのは、一種の恫喝です。「ほら、この間の断られた件について、私はこんなに傷ついているんだぞ。申し訳なく思え。謝れ」と。そんな思惑に乗ってあげる義理はありません。

また、この戦術によって、今後の相手との関係性をどうしていったらいいかを見極めることもできます。

何ごともなかったかのように話しかけるというのは、いってみれば「今後もあなたとの関係を続けたいです」という、あなたからのサインです。それに対し、相手はどんな反応を見せるか。

あなたが振った話題に乗ってきて、お互いに何ごともなかったかのように話せれば、そのまま関係性を続けてもいいでしょう（もちろん、また主導権を奪われて振り回されないよう、「優しさ」と「威圧感」のバランスをとっていく必要はあります）。

もし、あなたが話しかけても、なお不機嫌そうにしている場合は、「疲れてるから不機嫌なんだね」「忙しいから不機嫌なんだね」という素振りでスッと離れる。

必要なのは、相手の感情を、あえて斟酌《しんしゃく》しない鈍感力です。

それこそ、断り上手の心得でも触れた「切り捨てる覚悟をして手放す」です。自分から切るのではなく、距離を置きつつ、自然と相手が離れていくようにしていく。そうすると、逆にその相手は、あなたと一緒にいるためには、自分の方からも歩み寄らなければならないことを学ぶのです。

⑬「キョトン顔」を見せないよう、受け答えは素早く

最後に触れておきたいのは、断らず「引き受けるとき」の対処法です。

相手のコントロールから外れるには、断り方の戦術があるように、実は引き受け方にも戦術があります。

それは、相手に「キョトン顔」を見せないよう、「受け答えは素早く」というもの。

たとえば仕事を他者に指示するとき、「これ、やっといて」などと具体性に欠ける言い方をしてくる人がいたとします。

そんな指示を二つ返事で引き受けても、いつまでに、何をどれくらいやればいいのか判然としません。ですから、指示されるほうとしては、仕事の内容をはっきりさせる必要があります。

これは本来、指示する側が明確にしなくてはいけないことです。あなたが確認しなくてはいけないなんて理不尽な話ではありますが、適当に言われてしまったら仕方が

ありません。

だから、こちらから相手の意図を確認する。そのときこそ、「キョトン顔」を浮かべなくていいように、「受け答えは素早く」するのです。

よくわからない指示をされると、「えっ?」と頭が真っ白になるものでしょう。「えっ?」が表情に現れると「キョトン」になり、この「キョトン顔」が、相手をイラつかせるのです。相手はイラ立ち、あなたは怯え、ひいては主従関係を強化することにもつながりかねません。

ですから、引き受けるのなら、とりあえず素早く「はい」と返事をする。それから曖昧なところをはっきりさせる質問を重ねます。

たとえば「これ、やっといて」という指示は、作業内容と納期が曖昧です。そんなときは、

「はい。これっていうのは、こういうことを、いついつまでにやるということで、よろしいですか?」

という感じで素早く答える。

何を指しているのかさえわからないときも、「キョトン顔」を相手に見せないよう、受け答えは素早くします。

「あ、これっていうのは、すみません、わかりません。教えてください」

と聞いてしまいましょう。

最初に相手の言ったことをリピートするのもアリです。たとえば「このデータ、まとめておいて」と言われたとき。

「このデータをまとめるんですね。いつまでですか?」

という具合に、まず素早く受け答え、そして質問へともっていきます。

とにかく相手にボールを投げ返す。わからないところを自分の頭の中で整理するのではなく、相手との会話を通じて整理していくと考えてください。

相手から何か言われたあとの時間を、「自分が考える空白の時間（キョトン顔の時間）」にするのではなく、「相手が考える時間」とするということです。

「相手に何か言われて、自分が考えている」というのは、自分が詰められている状態です。素早く答えて質問することで、それを「自分が聞いて、相手が考える」、つまり自分が相手を詰めている状態へと逆転することができます。

さて、そうなると会話の主導権はどちらにあるでしょうか。自分が質問し、相手に考えさせているのですから、自分にありますね。それこそが、この方法の効果です。

質問なんかしたら、「いいから、やれ！」と言われやしないかと心配になったかもしれませんが、次のことを意識していれば大丈夫でしょう。

それは、「私は自分のために聞いているのではなく、仕事を完遂させるという、あなたと私の共通目的のために聞いている」という顔をして尋ねることです。

「相手と同じ方向を向くことを意識すれば相手の怒りを買いづらい」ということは前にも述べました。

要するにオドオドして下から聞くのではなく、「ちゃんと、ものがわかっている」風に堂々と聞けばいいということ。「受け答えは素早く」を実践すれば、自然とそういう雰囲気になりますから安心してください。

ここで醸し出されるのは、「仕事ができる、信頼に足る人」のオーラです。すると相手のコントロールの対象からも自然と外れていきます。

なぜなら、前にも言ったように、人をコントロールしたい人は、簡単に操ることができそうな弱者をターゲットにするものだからです。

態度や振る舞いを通じて、もはやあなたは弱者ではなく、独立した一個人なのだと示せば、相手のほうで勝手にターゲットから外してくるに違いないのです。

また、この戦術は、相手から非難がましい言葉を浴びせられたときにも使えます。

「あれ、これやっちゃったの？」「これ、やってないの？」などと非難されると、やはり「え、まずかったかな。でも、何がいけなかったんだろう？」と頭が真っ白になってしまうでしょう。

すると、曖昧な指示をされたときとまったく同じ、例の「キョトン顔」になって、「早く何とか言え！」と相手をイラつかせてしまいます。

とにかく、こういう人たちというのは一貫して、自分が相手に分かりづらい言い方をしていながら、分からない相手にイラつくのです。

でも、症状が同じということは、治療法も同じでいいということ。「受け答えは素早く」の術が使えます。

「はい。しました。そうしないほうがよかったですか？」
「はい。やってません。そうしたほうがいいですか？」

やはり質問で返せばいいというわけです。

ここでも、とにかく相手にボールを投げ返すこと。そうすればあなたはたいして頭を使わないまま、今度は相手が頭を使う番になり、その相手は、そもそも自分のほうが頭を使ってなかったんだという現実に向き合わざるを得なくなります。あなたは非難されていながらも、もう相手のコントロールは受けていません。

※Ｊｏｅメソッドでモラハラ対処をしている方への注意

この項で述べられる「キョトン顔」という言葉は、Ｊｏｅメソッドのモラハラ対処法の戦略の1つ「キョトン顔戦略」とは分けて考えてください。この項で述べられる「キョトン顔」は戦略ではなく、むしろ、相手の行為によって頭を真っ白にさせられたために無意識に出てしまう「キョトン顔」という意味です。メソッドとして相手のモラハラを封じるために戦略的に仕掛ける「キョトン顔」とは全く別物ですので、混同しないようにしてください。

＊＊＊

さて、これで本章はおしまいです。なんだか悪知恵ばかりつけられたように感じられるかもしれませんが、あなた自身の本質は、これっぽっちも変える必要がないというのは、ここでも改めて強調しておきます。

むしろ、あなた自身の本質を守るために、これらの術があるのです。

誰にも振り回されずにうまくやれている人は、だいたい、こういう術を無意識のうちに駆使しているものです。あなたも、自分を守るのに必要な術を学んだのだと思って、「そういうキャラ」を演じるつもりで、さっそく役立てていってください。

method 3

「ばれない威圧感」で相手を引かせる

威圧「感」とは、まとうもの

前章では、相手から何か頼まれたり誘われたりして、断りたいときにどう振る舞うか、という具体的戦術をお伝えしました。

本章では、もっと普段からできる、威圧「感」のまとい方の具体的戦術をご紹介していきます。

プロローグで述べたとおり、健全な人間関係というのは、「優しさ」と「威圧感」のバランスで作ります。もし仮に、世の中の全ての人たちが、あなたのことを尊重し、常にあなたが望む距離感で接してくれる人たちばかりなら、あなたは、「優しさ」という武器だけでも、ある程度なら、社会を渡っていけるでしょう。でも、残念ながら世の中には、あなたを尊重してくれない人たちも当然に存在するし、平気であなたを振り回す人たちも存在します。そうでなくとも、人が相手との関係で望む距離感は、人それぞれなので、家庭や職場やママ友関係、友人関係やサークル仲間など、人が集まる場所に交われば、おのずとその中での利害関係は発生します。あなた自身も日常的に、自己主張が必要になる場合もあれば、周りの人たちに押しつぶされないように、自分を守る必要がある場合も出てきます。

その時に使う技術が、「優しさ」と対を成すあなたの中のもう1つの武器、「威圧感」です。

すでに述べたとおり、ここで言う「威圧感」は、他者を脅したり、喧嘩を売ったりする「威圧という行為」のことではありません。

日常的な人間関係の中で、あなたと一体化するほど近づいてくる相手を押し返したり、支配するほど癒着してくる相手を引き剥がしたりして、あくまでも「単独者」同士、心地よい距離感を維持していくために普段からまとう、威圧「感」という名のオーラなのです。

したがって、この、日常的にオーラとしてまとう、威圧「感」というものは、なるべく相手に対して露骨ではなく、また、なるべくあからさまではない、「ばれない威圧感」であるほど好ましい。可能な限り、相手がそれに気づかないまま、実はあなたから上手く押し返されている、そういう、ばれない威圧「感」がまとえれば、あなたの「優しさ」との合わせ技によって、争いごとに発展させることなく、相手との間に、心地よい、継続的な「平和な関係」を作っていくことができるのです。

この章では、日常の様々な人間関係において使える、「相手にばれない威圧感のまとい方」の具体的なテクニックをご紹介していきます。身につけておくと、他者から振り回される機会は激減すると思われますので、ご自身が使いやすいと思うものから状況に合わせて使ってみてください。

「振り回され体質」を変える！「ばれない威圧感」の戦術15

① 真剣に聞いているフリ

まずは、人の話を聞く際の基本的な態度からいきましょう。

「真剣に聞いている」という建前を使うと、相手にばれずに、威圧「感」をまとうことができます。

ポイントは次の3つです。**①口は閉じ、②目つきは鋭く、③小さくうなずきながら、真剣な表情で相手の話に耳を傾ける。**想像してみると「怖い表情」が浮かぶと思いますが、あなたが相手を威圧しているとはみられません。

確かに相手は、あなたからの威圧感を感じ、話しづらくなるかもしれませんが、それはそもそも、あなたがその人の話を真剣に聞いてるからこその、その雰囲気（という建前）なので、相手はあなたの威圧感に圧倒されても、その姿勢を止めろとは言えないのです。

なぜなら、それを言ったら、あなたは「え？　真剣に聞くのがダメってこと？」となってしまうから。

そのように仕向けるコツは、③の「小さくうなずく」で「ちゃんと話を聞いていますよ」というサインを送ることです。そうすることで、全体の印象として、「真剣に耳を傾けるあまり、威圧的な表情と雰囲気になってしまっているだけの人」という印象になるので、相手はあなたを責めることができないのです。

応用編として、うなずく合間に「ん？」という顔を入れるのもいいでしょう。よりリアルに「真剣に聞いてる」風が演出されます。

こういう態度で話を聞かれると、相手は、気軽に話しかけにくくなるのです。

そうすると相手は、たとえば、自分の話を聞かせたいだけだった場合は早々に切り上げ、面倒なことを押し付けようとしていた場合は「ま、いいか……」と引き下がる、という具合に諦めざるをえなくなります。

そうなったらあなたは、多くを語らず、口を閉じたままニコッと微笑んで立ち去ればいいのです。相手は「威圧されていたわけではないよな……」と頭では思いながら、心の底では威圧感を感じます。

このように、相手の反感を招くことなく、何となく相手をやりづらい気持ちにさせて勝手に引かせてしまう。それが、この「真剣に聞いている」風に耳を傾ける術の効能です。

② 集中しているフリ

何かに集中している人は「邪魔しちゃいけないかな」と感じさせられ、近寄りがたいものですね。その作用を活用するのが、この作戦です。

まず、職場だったら手元の書類、プライベートだったらスマートフォンなど、何でもいいので、とにかくそれらを見ながら、軽くため息をついたり、小さく首を傾げたり、少し舌打ちをしたりします。手元の書類の内容やメールのやり取りに対して怒っているかのような表情で。

こうするとあなたが醸し出す空気は威圧的になりますが、それだけだと、印象が悪くなりすぎるかもしれません。

なので、その威圧的な表情から、ふと顔を上げ、相手と目が合ったら、一瞬ニコッと微笑みかけ、またすぐに目だけを手元に戻し、次第に表情も、元の「なかば怒っているような険しい顔」に戻す。

こうすると、優しさと威圧感のバランスがとれ、「クールだが優しそうな人」という印象が作れます。人は一般に、このように「威圧感」と「優しさ」を、瞬時に切り分けられる人に知性を感じ、信頼する傾向にあります。

なので、普段から時々こういう、優しさと威圧感の滑らかな切り替えを、周りの人にちょこちょこ見せておくと、あなたは周りの人から、「『自分』というものがある、自立した人」という印象を持たれ、したがって「振り回しづらい人」という評価もされやすくなります。

そうなれば、今まであなたを振り回していた相手も、だんだんとあなたをその対象から外すしかなくなり、自ら距離をとるようになるでしょう。

難しい顔でスマートフォンを見つめたことは、誰にでもあると思いますので、そのときの自分を思い出しながら演じれば、それほど難しい作戦ではないはずです。

③ 声ではなく「目」でコミュニケーションをとる

たとえば、難しい顔をしながら集中しているときに、ふと誰かに呼びかけられた場合、そこで「はいはい？」などと声を出して俊敏に反応すると、それまで漂っていた威圧「感」が消えてしまうかもしれませんね。

なのでそういうときは、「声は発さず、目線だけで応答する」というのをやってみましょう。口は閉じたまま顔を上げて相手と目を合わせ、眉毛をキュッと上げてニコッとする。最後まで口は閉じたまま。ビッグスマイルではなく、あくまでも「ニコッ」です。

つまり、声ではなく目つきで「(何か用ですか？)」と問いかけるということです。こうするだけで、相手に対して「クールで魅力的な人」という印象を与えることができます。仮に本当のあなたが、実は暑苦しく落ち着きのない人であったとしても、その動きをすれば、誰でもその印象になります。

この戦術は、誰かに呼びかけられたとき以外にも使えます。
たとえば、受け取るだけの書類（社内の回覧板など）や、不在中にかかってきた電話の伝言メモを誰かが持ってきてくれたとき。

声は発さず、口は閉じたまま顔を上げ、眉毛をキュッと上げて「ニコッ」――これは声ではなく目つきで伝える「（ありがとう）」になります。

この方法の最大のポイントは、ご覧のとおり、「声を発しない」ことです。
なぜ、これが効果的なのか。それは、無駄に声を発しない人からは、「自分の気持ちを分かって貰いたい」という過度な承認欲求が表現されず、「知的で主体性がある」=「自分をもっており、人の言いなりにならない単独者」という印象を与えるからです。

人からの問いかけに、「はい、はい、ああ、そうですか、そうですか、はいはい、はい」などと無駄な音声を発してると、主体性も自信もないオドオドした印象を作り出し、人を振り回すタイプの人のセンサーに引っかかってしまいます。

おそらく、今まで振り回されてきた人の多くは、無意識のうちに、必要以上の音声を発してきているのではないでしょうか。

そうなっていると思われる人は、今後の言動を変える一手段として、時々こういう作戦を取り入れてみてください。

これをしていると、あなたの内面にも変化が起こります。声を出さずに目だけでコミュニケーションをとる、そんなへりくだりも媚びもしない姿勢で他者に接しているにもかかわらず、他者からはちゃんと好意的に受け入れられる自分、そんな自分の自己意識が、あなたの自信を作ります。

そしてその自信が、いっそう「主体性のある一個人」、つまり「単独者」としての存在感を作り出し、さらに振り回しにくいオーラが醸し出されるようになるわけです。

仕事中
バリバリ
ハイ
回覧。
?
回覧用
何も言ってないのに伝わるわ
ちょっと親近感…♡

④ 有能なフリ

皆さんの中には、会社などで「なぜか自分だけがたくさん仕事を振られる」とか、「社内で私だけ、こき使われるんですけど……」と悩んでいる人も、少なくないのではないでしょうか。

そういう皆さんは、おそらく全員、人前での「忙しがり方」が洗練されていないと思います。ですので、今日からはもっと、現代風に忙しがってみてください。

現代の会社の多くでは、ただ普通に頑張って働いているだけでは、あっという間に理不尽な仕事を押し付けられるし、最終的にはそれによって、過労自殺をするくらいまで追い込まれることも少なくありません。ですので、そこで働く皆さんも普段から、ただ真面目に頑張るだけではなく、もっと無駄な仕事が押し付けられないような、「有能な人っぽい忙しがり方」を身につけて、当たり前にそう振る舞えるようにしておきましょう。

具体的には、次のような演出を日常的に入れていきます。

まったく難しくないので、明日からでも試してみてください。

- 社内を移動するときには、書類を見ながら歩く。自分のデスクに戻ったときは一瞬、立ち止まり、疲れたような顔で「ふーっ」と息をついてから座る。
- 仕事中、「えーっと、これは……」と考えているような真剣な顔をして、デスク上の書類を、右から左へ、左から右へと意味ありげに並べ替える。

非常に単純な動きなので「本当に?」と思うかもしれませんが、あなたの周りにいる、上司から仕事を押し付けられていない同僚を観察してみてください。不条理な仕事を押し付けられない人は、普段から当たり前のように、そういう動きをしているはずです。

こういうのを、ちゃんとやるかどうかで、会社でのあなたの立ち位置は変わってきます。

また、普段あなたに何かの仕事を頼んでくる人に対しての態度も、次のように変えてみてください。

- 断る場合――「あー……、すみません、できません」（断り方の戦術②を参照）
- 引き受ける場合――「あ、えーっと、はい、わかりました」

断る場合は、断り方の戦術②「一瞬、考えるフリをする」ですが、実は引き受ける場合の戦術も基本は同じです。

すぐに引き受けずに、一瞬、考えるフリをする。「あ、えーっと」というのは、「（あれもこれもしなくちゃいけないんだけど、できるかな。うん、まあ、できるな）」と算段しているように見せる「間」です。

毎回やると嘘くさいので、要所要所でこういう演出を入れるようにしておきましょう。こうすると、相手の頼みに対し、「いろいろと忙しいけど引き受けた」感が出るので、だんだんと社内で「いつも忙しいから、下手なことを頼まないほうがいい人」という印象が構築されます。

人間というのは意外と単純です。人が持つあなたへの印象というのは、その程度の行為で変わりますので、普段から自分を守るために、損をしない動きを心掛けておきましょう。

⑤ ながら挨拶

相手の顔色をうかがう、言葉を待つなど常に受け身姿勢である。これらは、振り回されやすい人の共通点です。でも、逆に言うと、相手の顔色をうかがわず、能動的な言動を周囲に見せるようにしていけば振り回されなくなる、ということでもありますね。

そういう意味で、普段の「挨拶」のやり方も、今後は意識して次のように変えてみてください。

挨拶をするときは、「相手が返事をしてくれるかどうかには興味がない」という態度で一方的にする。

これはもう、挨拶の鉄則だと思ってください。

今まで、他者に対して挨拶するたびに、ちゃんと返事がくるかどうか気にしてしまう人は、今日をもって、その興味を投げ捨ててしまいましょう。

このスタイルを身につけるために、まずは意識的に「歩きながら」「何か作業をしながら」という「ながら挨拶」を実践してみてください。

「歩きながら挨拶」では、まったく歩くスピードを変えず、相手のそばを通り過ぎるときだけ相手のほうを向いて「おはようございます！」

すかさず口を閉じ、相手の目を見てニコッ。そして相手の反応を待たずに歩き去る。

「作業しながら挨拶」では、作業の手はほとんど止めずに、一瞬顔を上げ、相手の顔を見て「おはようございます！」

すかさず口を閉じ、相手の目を見てニコッ。そして相手の反応を待たずに作業をしている手元に目を戻す。

普段からこのようにしておくと、あなたのイメージとしての「優しさ」と「威圧感」

のバランスが取れるので、周りの人はあなたについて、「他者の評価や見返りに影響を受けず、自分の行動を決める強く優しい人間」という印象を持ち、そんなあなたのことを振り回せるなんて思わなくなるし、尊重してくるようになります。

⑥ 謝る時は「無念さ」を出す

自分がミスをしてしまったとき、どれだけ平謝りしても、一向に怒りが収まらない上司や同僚はたくさんいますね。そういう、感情的で怒りっぽい人の怒りを、効率的に冷ます方法はないのでしょうか。

実はこれには、とても簡単な対処法があります。

それは、「申し訳ない」という気持ちではなく、「無念だ」という気持ちで謝ること。

つまり、相手に向かって、なんとか許してもらおうと、怯えた顔で平謝りするのではなく、むしろ叱られている最中に「あなたに叱られるようなことをした、こんな自分が腹立たしい」風に見せるわけです。

相手の言葉の一つひとつに、「本当にそのとおりだ」という表情でうなずく。基本的には無言で、何か言葉を発するとしても、一度だけの「申し訳ありません」と、うなずくときの「はい、そのとおりです」程度にします。

メソッド1で紹介した「大きくゆったり」を意識してやってみてください。

これだと偉そうに見えるのではないかと思うかもしれませんが、オドオドしながら謝るのはむしろ逆効果。大きくゆったりした動きで「無念さ」を表現するほうが、相手の怒りを冷ます効果は遥かに大きいのです。

なぜかと言うと、無念な態度は、「あなたが私を怒っている以上に、私は私自身に怒っているのだ」という姿勢として相手に伝わり、それによってあなた自身が、相手の怒りに共感する形となるために、相手の怒りは急激に冷めていくからです。

ちょっと大げさにたとえると、相手の目の前で自分自身を殴ってみせると、相手は攻撃する意欲を失って思わず止めに入ってしまう。そういうような心理作用が働くものなのです。

叱責しているのは相手で、叱責されているのはあなた、という状況に変わりはないのですが、実質的には、相手の言動をあなたがコントロールしています。周りから見ても、あなたが振り回されているようには見えません。

この時点で、もうかつてのような主従関係ではありません。叱責を受けるたびにこの戦術を使っていれば、相手のコントロールからも、どんどん外れていくはずです。

⑦「持病カード」を切る

威圧「感」というと、強く見せることだと思われがちです。

たしかに、その多くは、ある種の「強さ」を表現するものといっていいでしょう。

しかし「威圧感=強さ」かというと、実はそうとは限りません。逆に「弱さ」を演出することで、威圧「感」をまとう術もある。ここで紹介する戦術、「持病カード」は、まさにその典型です。

振り回す人は必ず、自分よりも弱い人をターゲットにしますが、かといって、さすがに肉体が弱っている人を振り回すのは、ひどい人間のやることだという自覚はあります。

誰も、自分のことをひどい人間だとは思いたくないし、周囲からそう見られたくもない。だから持病を持ち出されると、あなたを振り回す手を緩めざるをえなくなってしまうのです。

では実際に、どのように持病カードを切ったらいいでしょう。

言葉よりも有効なのは、「痛い」という仕草です。

病気を装うというと「仮病」を思い浮かべる人も多いかもしれません。でも、都合が悪いときに、急に咳込んだり、お腹をさすったりするのは不自然です。ウソと見抜かれる可能性が高いでしょう。

その点、「持病」は「すでにずっと患っており、いつ顔を出して生活に支障をきたすかわからない病」ですから、いつでも、不自然ではない形で病気を装うことができるのです。

ただし貧血や偏頭痛などは「痛み」の表現がしづらく、あまり理解されない恐れがあることから、あまりおすすめしません。

「痛み」を表現しやすいのは、内臓系の疾患より整形外科系の疾患、とくにおすすめなのは、「腰痛」です。

腰痛は、ひどくなると、歩けなくなるくらいツラいものです。

また、多くの人が腰痛を経験したことがあるはずなので、「歩けなくなるくらいの痛み」を想像してもらいやすい。さらに、腰痛は日によって状態が変わるものであり、「持病カード」を切りたいときだけ痛がっても不自然ではありません。

総合的に見て、やはり腰痛がもっとも都合がいい持病のひとつではないでしょうか。

たとえば、何か面倒なことを頼まれたり、まったく気の進まないものに誘われたりしそうなときに、「すみません。例のやつ（痛み）が……」という感じで顔をしかめて腰をさする。

これだけで、今まで断りづらかったこともずいぶん断りやすくなるはずです。

⑧「忙しさ」を演出する

「実の母親」など身内の人から、用事もなく電話がかかってきて、毎回、延々と時間を取られるのが嫌でたまらない。そんな人には、この戦術がおすすめです。

忙しさを理由として早く切り上げるのですが、「忙しい」と口に出すのはほどほどにして、「本当に忙しい」風に話すのがポイントです。

相手が話すきっかけをつかむより早く、相手を急かすように早口で話す、といったらイメージしやすいでしょうか。次のような感じです。

「(早口で)もしもし? はいはい、ちょっと今、忙しいんだけど何? うんうんうん、はいはい、じゃ、また用事があるとき電話ちょうだい。はいはい、じゃね(切る)」

もし「あなたのことが心配だから電話してるんじゃないの!」などと言ってきたら、

「いやいや、そういうのは（心配は）要らないから。今忙しいんだけど、ほか、用事ないね？　じゃ、また用事ある時は電話してね。じゃね（切る）」

「うんうんうん」「はいはい」など一見、あいづちのような言葉も入っていますが、これは相手の言葉を受けて発するものではありません。

相手が何か言葉を発している最中に、すごく忙しいという体で、そういう言葉をガンガン差しはさんで相手を急かすわけです。

切り上げようとしつつ、結局は聞いてあげてしまっているという状況にならないように要注意です。

「忙しいんだけど、うんうんうん……、あ、そうなの？　いや、ちょっと今やらなくちゃいけないことあって。はいはい……、ああ、そうなんだ」では相手に振り回されていることに変わりないし、だんだんと相手に巻き込まれていきます。

話す隙を1ミリも相手に与えないつもりで、一気に切り上げてしまいましょう。

なんだかひどい対応のように見えるかもしれませんが、実は、そんなことはないのです。なぜなら、「何？」「どうかした？」「何か用事ができたら電話ちょうだい」とちゃんと伝えているからです。

つまり、「何か用事があるならちゃんと聞くよ。でも無駄話には付き合えないよ」というメッセージを送っている。「いっさい話を受け付けない」と相手を拒絶しているのではなく、一定の「優しさ」はちゃんと見せた上で、相手の「言いなり」ではない事を示しているだけなのです。

相手の話を聞く意志も時間もないのなら、さっさと切り上げる。無駄話が延々と続くことが多い相手ならば、なおのこと、話し出す隙すら与えないうちに切り上げたほうが、お互いに気持ちいい関係になれるはずです。

⑨相手にとって都合のいいことを「怒った感じ」で言い切る

「どうせ私のことなんて、どうでもいいんでしょ」

ひょっとして、こんな感じのことを言われたことはないでしょうか。

人を振り回すタイプの人は、しばしば、主従関係ができている相手を試すようなことを言います。よく見られるのはモラハラ彼氏が彼女に、モラハラ夫が妻に言うパターンですが、友だち同士でもあり得る話です。

相手があなたのことを「自分の一部」かのように思っている度合いが強ければ強いほど、それを確かめたくて、こういうことを言うのです。

相手の狙いは、試すようなことを挑戦的な口調で言って、あなたを動揺させることです。動揺するあなたを見てあなたが言いなりになることを確認し、満足したいだけなのです。

したがって、「どうせ私のことなんて〜〜なんでしょ」論法の一番いい対処法は、「その手は食わない」という精神で、相手の思惑を挫くことです。

そのための、相手の気分を害さず、なおかつ相手の思惑を挫けるような戦術が、「相手の都合のいいことを、怒った感じで言い切る」ことです。

表情は真顔で、口調はドスを利かせて、このように言い切ります。

「私があなたのことをどうでもいいと思ったことは一度もない！」

遠慮はいっさい不要です。言い方はかなり強気でも、相手からすれば、嬉しいことを言われているので「なんだその言い方は！」などと怒ることもできません。むしろ、それほど強く言われたことに、思わず喜んでしまいます。

結局は相手をいい気分にさせるのかと拍子抜けしたかもしれませんが、ちょっと考えてみてください。相手の言葉に動揺して満足させるのと、相手の言葉に怒って喜ばせるのとでは、決定的に違う点があります。

相手の言葉に動揺したら、自分は相手より一段下のままで変わりません。

一方、相手の言葉に怒るのは、完全に自分が相手より一段上に立っている発言です。

つまり、あなたが相手に対して平然と、強気で怒った態度を見せているのに、相手はそれを黙って受け入れる。この流れによって、あなたと相手の立場は一瞬で逆転するわけです。

相手は突発的にうれしいことを言われたので、そうとは気づきませんが、立場の逆転という効果は、その後の関係性においても続きます。まさに「ばれない威圧」の結果として、今まで続いてきた主従関係そのものを無効化できるわけです。

⑩ 相手の目を「片方だけ」見る

人の顔には目が2つありますが、相手の両方の目を同時に見ることはできません。人の目は、1つのものに焦点を合わせるようにできています。

ですから、何も意識しないで相手の目を見ながら話そうとすると、右目から左目、左目から右目というふうに視線が移動します。これが、相手には目が泳いでいるように見えるのです。

そこで使ってほしいのが、この戦術です。

ただし、相手の目を見ることが苦手な人は避けたほうがいいでしょう。かえって弱気な雰囲気が目から伝わってしまう危険があるからです

普段から相手の目を見て話すことが苦にならない人は、ぜひ実践してみてください。相手の目を「片方だけ」見ると意識すれば、視点が一点に定まります。文字通り相手の目を「じっと見つめる」ことになり、相手には「相手の心のうちまで見透かしている」かのような印象を与えます。

まとっている威圧「感」が強まり、相手をひるませることができるのです。

あまりにも威圧「感」が強まってしまうと逆効果ですから、そこは表情で調節します。表情は穏やかに、目だけは相手の片方の目だけを見つめる。これで適度に「優しさ」も漂わせつつ、威圧「感」をまとうことができます。

⑪ 相手の「パーソナルスペース」を侵害する

これも、相手と相対しているときの戦術です。

「パーソナルスペース」とは、「これ以上他人に近づかれると不快に感じる」という空間のことです。だいたい、1メートル前後の距離の人が多いですが、厳密な距離は人によって異なります。皆さんも誰かと向かい合って会話している時など、なんとなく「これ以上近づかれると居心地悪い」と感じる距離ってあるでしょう。それがあなたの「パーソナルスペース」です。

ここでご紹介するのは、あなたを振り回してくる相手と話している間に、こっそりと距離を詰め、相手のパーソナルスペースを侵害して、相手の支配欲を萎えさせよう、という戦略です。

最初はちょっと勇気がいるかもしれませんが、「バレない威圧」としては、ものすごく効果の高い戦術ですので、できそうだと思う人はやってみてください。

たとえば、いつも理不尽なことであなたに因縁をつけてくる上司が、今、あなたに対して説教しているとしますね。その時、その上司にバレないように、足半分くらいの距離（10センチほど）、そっと近づいてみてください。ほんの10センチでも、パーソナルスペースを侵害されると、人間というのはめちゃくちゃ圧迫感を感じ、身体が後ろに押されるような感覚になります。そして、その圧迫感を感じる時、人間というのは身体だけではなく、精神的にも圧迫されて、攻撃欲や強気な気持ちが萎えていくものなのです。ましてや、説教をするような元気は、明確に萎えていきます。

要するにあなたはこの方法によって、その相手にバレることなく相手を威圧し、相手が持つ、あなたを振り回したい気持ちをそぐことができるわけです。

このパーソナルスペースの侵害は、相手より精神的に優位に立つ戦術としては、見た目以上の効果があります。私たちは誰かに叱責されると、思わず後ろに下がってしまうことが多いと思います。でも実は、そこで下がると、相手は自分の支配力の効果を感じてしまうので、その相手の威圧の勢いは増してしまいます。ところが、そこをあえて逆に、ばれないように半歩前に出て相手の苦手な距離に入ると、相手の勢いは面白いほど衰えて、むしろ、あなたのことを振り回そうとすることにウンザリしてきます。

「怒られている時に前に出たら、挑発だととられるんじゃないか？」って思う人もいるかもしれませんが、実際にはそうはなりません。もちろん、大股で分かりやすく、グイッと前に出たら、挑発ととられるかもしれませんが、わからないように、足半分くらいずつ距離を詰めれば、その距離によって感じる、原因のわからない圧迫感で、あなたを叱責をする意欲のほうが先にそがれていくはずです。

でも、もしそれでも実践しにくいと感じたのなら、次のような前提意識を持って試してみてください。

「あまりにも熱心に相手の話を聞いているので、つい体が前のめりになって、気づいたら近づいてしまっていた」
「あまりにも深く反省しているので、相手の話をもっとちゃんと聞くために、つい体が前のめりになって、気づいたら近づいてしまっていた」

つまり、真面目な顔で「うんうん」とうなずきながら、いかにも熱心な様子で少しずつ相手に近づいていけばいいわけです。また、それが謝るべきシチュエーションなら、謝りながら前に出てもいいと思います。そうすると、相手はそれに対してどう対応していいか分からなくなります。

「もっと聞かせて」「もっと教えて」という姿勢を、「相手に近づく」という形で強めに演出することで、ばれない威圧「感」を漂わせればいい。そう考えれば、気分的にも実践しやすくなるでしょう。

⑫ やはり「沈黙」は武器——とりあえず「黙っとく」

断り方の戦術に、「思案顔で黙る」というものがありましたが、沈黙は、普段の言動においても非常に有効な武器になってくれます。

ちょっと想像してみてください。

寡黙な人って、感情や思考が読みづらいですよね。それに、沈黙は誰にとっても気まずいものです。こうした読みづらさ、気まずさも一種の威圧「感」であり、ここでは、そんな沈黙を利用しようというわけです。

つまり、黙っているだけで威圧「感」は醸し出されるということ。「とりあえず黙る」というのも、「振り回され体質」を変えるための立派な戦術なのです。

たとえば、相手が急にヒートアップしたときなども、とりあえず黙るのが一番です。怯えた顔をするのではなく、媚びて共感を示そうとするわけでもなく、知的で穏やかな顔で、ただ黙る。「冷静に、相手の言っていることを理解しようとしている」風の思案顔を意識してください。

相手の目にそう映りさえすれば、頭の中は何も考えなくてもいいのです。

⑬「真顔」を効果的に使う

ただでさえ真顔には威圧感がありますが、この戦術は、その真顔をより効果的に使うというものです。

たとえば相手が、あなたにとって不愉快な冗談を言ったときに、片方の口角をキュッと上げて一瞬、笑ったかのような表情を作ってから、スッと真顔に戻す。

何も言葉は発していません。一瞬ですが、少し「笑顔らしき表情」すら見せている。だけど、スッと真顔に戻ることで、「何か思うところがある」「賛同はしていない」という印象になり、これが、威圧「感」として作用します。

この戦術は、やや応用編です。とりあえず頭に入れておいて、「あ、今かな」と思ったときに試してください。

⑭ 鈍感なフリ

振り回されがちな人は、たいてい、相手の感情や思考を「察しすぎ」です。察するからこそ、体が動いてしまう。しかも、感情と言動が切り分けられていないために、人の感情や思考に対する自分の感情も丸見えです。いずれも、言い換えれば「弱み」を見せるということです。

だから相手は、あなたを「弱者＝意のままにコントロールできる人」と見なして支配しにかかり、実際に、それが可能になってしまうのです。

人を振り回すタイプの人は、往々にして、思わせぶりな態度をとります。「何かをやってほしい」ということを言葉では示さずに態度で示し、相手が親切心から自主的に動いてくれるのを待っているのです。

「ううん、大丈夫」などと口では言うかもしれませんが、その言葉は建前で、「本当はやってほしい」という態度のほうが本音です。これでは、人の感情や思考を察しすぎる人が格好のターゲットになって当然ですね。

こうして、相手は「私は頼んでいないのに、あなたが勝手にやった」という状況を巧みにつくり出します。

相手は、言葉では「私は別に頼んでない」という責任回避の姿勢をとりながら、態度ではやってほしそうに見せる。一方、あなたは、相手の感情や思考を察して自主的に動く。いつの間にか、相手の支配下に置かれているというわけです。

この理不尽な流れを根本から断とうというのが、ここで紹介する「鈍感なフリをする」という戦術です。

性分として察してしまうのは仕方ありませんが、察しても反応しない、動かない、そう心に決めること。早い話が、あなたをコントロールしようと相手が送ってくる、いろいろなサインに対して「見て見ぬフリ」を決め込むということです。

この戦術を実践するポイントは、相手の本音である「態度」には反応せず、建前である「言葉」のほうに反応することです。

いくら相手が何かをやってほしそうでも、その思わせぶりな態度は「意図的に見落とす」こと。そのうえで、「ううん、大丈夫」「私は別に頼んでない」という言葉のほうに「あ、そうなの？」「大丈夫なんですね」と反応するようにします。

相手は「態度」に反応してほしがっているところで、あなたはあえて「言葉」に反応する。

このように、相手の期待とは裏腹の対応を続けると、相手は「この人はちゃんと言葉で言わないとやってくれないんだ」と学習します。

この時点で、あなたは、もう勝手に世話を焼くこともなく、自立した「単独者」として、相手から見なされます。相手の頼みに応じるかどうかも自分次第でいい。あなたと相手の関係はもはや主従関係ではなく、個人対個人の対等な関係になるのです。

⑮「意見はありません」と言い切る

人を振り回すタイプの人は、隙あらばマウントをとろうとします。また、自分の見方や意見を押し付け、同調させようとします。人を威圧し、支配下に置こうとしているわけですから当然ですね。

おそらく今、あなたのことを振り回している人も同様なのかもしれません。そして、あなたが今振り回されているのは、その人と同意見である状態を維持しなくてはいけないと思っているからかもしれません。

もしそうであるなら、そもそもあなたに意見がなければ、マウントもとられないし、同調圧力を受けることもないわけですね。

「あなたはこれについてどう思う?」と聞かれたときに、もしあなたが答えようとして答えられなかったり、あるいは下手に答えて、相手と意見が違ったりしたら、「何もわかってないね」とマウンティングが始まるかもしれません。

答えようとして答えられない場合も、下手に答えて相手と意見が違った場合も、そんなあなたを相手は見下します。だからこそ、あなたはコントロールのターゲットになってしまっているのかもしれません。

なかには、仕事に関することなど、「意見がない」では済まない話題もあるでしょう。

しかし一方、政治や経済のニュース、あるいは人生哲学や思想など、強いて相手と話さなくてはいけない理由のない話題や、自分が知らなくてもまったく差し支えのない話題も多いものです。

次回から、そういうテーマについて振られたら、爽やかにはっきりと、こう言い切りましょう。

「それについて私は意見がないので、わかりません」

実は、下手に答えようとするよりも、はっきりと「意見がない」「わからない」と言い切ってしまったほうが知的な印象を与えます。

なぜなら、爽やかに「それについては意見がない」と言い切ってしまえば、「え、わからない、どうしよう」とうろたえる姿や、背伸びして絞り出した見当違いな意見を、相手の前に晒さずに済むからです。

わからないことを、わかるような顔をして、ごまかそうとするから自分も苦しくなり、ますます悪い立場へと自分自身を追い込んでしまう。でも、むしろ前のめりに「それについては意見がない」「それについてはわからない」と言い切ってしまえば、劣等感も屈辱感も感じず、したがって動揺もしません。

相手に対しては、「これについては意見がないし、わからないけれど、私には、ほかに意見のあることも、わかることもある」という自信を感じさせ、これが「ばれない威圧感」として作用します。

それに、そもそも「意見がない」と決めてしまえば、「どう答えようか」「相手と同じ意見だろうか」と頭を使わずに済みます。「知っておいたほうがいいのかも。調べておかなくちゃ」と情報収集に時間や労力を費やす必要もありません。

つまり、頭を使った挙げ句に相手にマウントを取られ、支配され、さらには時間や労力までかけるという、このうえない徒労を避けることができるのです。

というわけで、自分にとってどうでもいい話題については、積極的に「それについては意見がないから、わからない」と言い切ること。こう出られたら、相手は何も言えません。

もしかしたら、「大事なことなのに、なぜ意見がないの？」なんて食い下がる人もいるかもしれませんが、そこでも最初の姿勢を貫きます。

「それについては、今のところ考えないことにしてるんです」

「今後、関心が生まれたら考えるかもしれないけど、今のところは関心がないので、考えてないいんですよ」


やはり爽やかに、はっきりと言い切りましょう。

「とにかく今は、そのことについてあなたと話すつもりはない」と明確に示せば、それ以上は追及できません。

この戦術を何度か使えば、意見がなくてもわからなくても、まったくプレッシャーのかからない、自分が丸ごと許された状況へと変化していきます。非常に省エネかつ効果が高く、自分がどんどん楽になれる戦術ですから、ぜひ試してください。

メッセージアプリで巻き込まれない戦術5

近年は、日常の連絡手段として、電話よりもＬＩＮＥやフェイスブックのメッセンジャーなどのメッセージアプリを使っている人がほとんどでしょう。便利な反面、振り回されやすい人は、ここでも面倒な目にあうという現象が多く生じているようです。

たとえば、延々と続くママ友のグループメッセージ。とめどもない長文を送りつけてくる友だち。

正直、付き合いきれないと思いつつも、「既読スルー」するわけにもいかず、いつも時間を浪費させられている……あなたも、多かれ少なかれ思い当たるところがあるのではないでしょうか。

ならば、結論を言います。

付き合いきれないと思う相手には、付き合わなければいいのです。ただし、これにもうまい対処法というものがあるので、本章の最後に紹介しておきます。

まず、基本的な考え方を3つ、説明します。すべて関連しているのですが、1つずつ見ていきましょう。

1つめは、そもそもメッセージアプリは、丁寧なやり取りに向くツールではないということ。手紙の代用品である電子メールとは違い、メッセージアプリは「短文での簡略的なやり取り」を前提に作られたものであると考えてください。

振り回されやすい人は、おそらく真面目で「いい人」なのだと思います。

そういう人ほど、送られてきたメッセージには逐一、丁寧に返さなくてはいけないと思い込んでいる。だから、不本意ながらもメッセージのやり取りに時間を取られてしまうのです。

ですから、まず「そもそも、これは丁寧に返信するようなツールではない」と考え、

「丁寧に返信しなくてはいけない」という思い込みを取り払いましょう。

2つめは、相手のペースに巻き込まれないようにすること。

面と向かって話しているときは、何も意識していないと、相手の話すスピードや口調に合わせて話しがちです。

たかが話し方と思われるかもしれませんが、あなどれません。自分には主導権がなく、いわば深層心理的に相手に服従することになるため、相手があなたを振り回すという関係性につながりやすいのです。

メッセージアプリでも似たようなことが起こります。

相手がメッセージを送ってくる頻度や、文面の長さ、トーンに合わせて返信していませんか。それに疲れてしまっているのは、何よりあなた自身ではないでしょうか。だとしたら「これからは相手に巻き込まれないようにする」と心に決めましょう。

では、どうやったら巻き込まれずに済むか。それが最後、3つめの基本です。

巻き込まれないようにするには、「メッセージアプリ上では、私はこういう人である」という姿勢を見せつづけること。「こういう人」というのは、「丁寧には返信しない人」「いつも短く簡単に返信する人」です。

その戦術を取り入れ、「そういう人」＝「丁寧には返信しない人」「いつも短く簡単に返信する人」というのが常態化してしまえば、もはや相手はあなたに期待しなくなり、あなたを振り回すことも諦めていくでしょう。

先ほどもいったように、相手のペースに巻き込まれないために重要なのは「そういう人」なんだと諦めてもらうこと。「短文ですら億劫」くらいの、もっとも低いテンションに照準を合わせ、そこからずれないようにしないと効果がないのです。

他人の期待に振り回されたくないのなら、ちゃんと普段から、こまめに相手をガッカリさせて、「決して私に期待しないでね」というのを思い知らせておきましょう。

では、これから、具体的な戦術を紹介していきましょう。

①「あまりちゃんと返信しない」と先手を打っておく

すでに説明したように、「そういう人」＝「丁寧には返信しない人」「いつも短く簡単に返信する人」と思ってもらうことが、もっとも重要なポイントです。ですから、今後、新たに出会う人には、「そういう人」だと最初に示しておくといいでしょう。

たとえば、LINEだったら、「ステータスメッセージ」（自分のアイコンに入れられる一行コメント）に「あまりちゃんと返信できません💧」と入れておきます。

あるいは、LINEのIDを交換したり、フェイスブックでつながったりするときに、

「LINEって、あまりちゃんと返信しないんですよね」

「フェイスブックはあまり見てません。メッセンジャーも、確認はしますけど、あまりちゃんと返信はしないんです」

などと直に伝えるのもいいでしょう。

② 素っ気ない短文に「優しさ」をプラスする

人間関係は「優しさ」と「威圧感」のバランスが重要というのは、これまでにも繰り返しお伝えしてきました。

メッセージアプリでいうと、「いつも短く簡単に返信する」というのは、相手にいっさい巻き込まれずに自分のペースを貫くという点で、一種の威圧「感」といえます。

これを心がけようとすると、おそらく、あなたは自分の書いた文面を見て「ずいぶんぶっきらぼうだな、大丈夫だろうか」と心配になるでしょう。

そこで基本姿勢を貫くために、相手が急に突き放されたように感じて敵意を抱くのを防ぐよう、ほんの少しだけ「優しさ」を入れましょう。

ただし、あくまでも「ほんの少し」です。相手を気づかって、余計なことまで書いてはいけません。メッセージアプリでは、直に向き合っているときよりも強めに相手をけん制したほうがいいので、「やや威圧感を優勢にする」と考えてください。

余計なことは書かずに、ほんの少しの「優しさ」を見せる方法は3つです。

まず1つめは、「ひらがな」「ー」「～」「！」を使うことです。

たとえば、同じひと言の返信でも、次のように印象は大きく変わります。


「了解」→「りょーかい」「りょーかい！」

「そうですね」→「そうですね～」「そうですね！」

「わかりました」→「わかりました～」「わかりました！」

「そうしましょう」→「そうしましょう～」「そうしましょう！」

「ありがとうございます」→「ありがとうございます～」「ありがとうございます！」


要するに、これらの小ワザを使って文面の見た目の印象を和らげれば、素っ気ない短文を、まったく頭を使うことなく「優しさ」のオブラートで包むことができます。

2つめは「スタンプ」を使うこと。同じ「了解しました。」と伝えるのでも、スタンプを使うと、手間は一瞬なのにまったく感じ悪くはありません。

よく、いろいろと文章で返信してからスタンプを使う人がいますが、そういうふうに律儀にならなくていいのが、メッセージアプリのいいところです。スタンプというのは、それ1つで事足ります。このメッセージアプリならではのツールの利点を活用しない手はないでしょう。

そして3つめは「署名」です。まずは次を見比べてみてください。

「了解です。」
「了解です。田中」

たったひと言の返信でも、最後に自分の名前を記すだけで「丁寧に見える」という「優しさ」を足すことができるのです。これは年上のママ友など、砕けた表現は避けたほうがいい相手に使ってみましょう。

③ 感情を露わにしない

メッセージアプリの基本の考え方として、先ほど、「短文すら億劫」というくらいの低いテンションに照準を合わせ、そこからずれないようにすることが大切とお伝えしました。

なぜかというと、「私はこういう人である」、つまり「丁寧には返信しない人」「いつも短く簡単に返信する人」という姿勢を見せつづけることが重要だから、でしたね。

この考え方を踏まえれば、「文面で感情を露わにしない」というのも、当然の戦術として納得できるのではないでしょうか。

戦術①では、素っ気ない文面を和らげるコツの1つとして「！」を挙げました。

ただし、これはあくまでも、ほんの少しの「優しさ」を足すための「！」です。

たとえば、うれしいときに「ありがとうございます！」「そうしましょう！」ならいいのですが、「ありがとうございます！！！！！」「そうしましょう！！！！！」とすると、文面で相手に感情を見せていることになってしまいます。

これをすると、次に普通のテンションで返信したときですらハイテンションだったときとのギャップが目立ってしまい、相手が勝手に失望します。

相手を失望させて波風を立てたり、嫌われたりすると厄介だと思っているのなら、返信ごとにテンションを変えないに越したことはないのです。

いい感情も悪い感情も露わにせず、いつでも「低いテンション」で「無難」に返信する。これを鉄則としてください。

そういう意味では、「絵文字」の使い方にも要注意です。

相手がたくさん使っていても、なるべく同調しないこと。使うとしても、戦術①で説明した「優しさ」を足す要領で、「1返信につき、無難な絵文字を1つ」程度と決めておきましょう。

また、連発しないほうがいいのは「!」だけでなく、「?」も同様です。

質問を返すときに、「これは、〜〜ということ？　それとも○○？　だとしたら、これはどうする??」などと畳み掛けると、こちらが感情的に詰め寄っているような印象を与えます。

つまり、「?・」を連発するのも、感情を露わにしているということであり、「私はこういう人である」という基本姿勢が崩れてしまうのです。

質問では、「これは〜〜ということ? それとも○○なのかな。だとしたら、これはどうしようか〜」などと、「?・」の代わりになるものを織り交ぜるといいでしょう。

④ 無難な「きれいごと」を返す

グチや相談の長文メッセージが届いたときも、基本に従えば、もう「どう返信しようか」と迷うことはありません。

「面倒だな」「ちょっと付き合いきれないな」とあなたが思う相手ならば、「私は、こういう人である」＝「丁寧には返信しない人」「いつも短く簡単に返信する人」という姿勢を貫きましょう。

それにしても、グチや相談に返信するとなると、「りょうかいです」「そうですね〜」などで済ますわけにはいきません。かといって長々と返信するのは避けたい。そこで使えるのが、無難な「きれいごと」を返すという術です。

術というほどでもないくらいシンプルです。

無難な「きれいごと」を返すというのは、ただ「短く、相手に共感する言葉」を送るということ。たとえばグチに対しては、「たしかに、それはちょっと嫌だね」、相談に対しては、「そんなふうに悩む気持ち、わかるよ」という感じです。

その際には、「リプライ機能」を使うといいでしょう。

ＬＩＮＥにもフェイスブックのメッセンジャーにも、相手のメッセージを引用して返信を書き込める機能がありますよね。

これを使うだけで、「ちゃんと読んで返信してるよ」という誠実さを示すことができます。そのおかげで、返信の文面自体は短くても、決して冷たく不誠実な感じにはなりません。

おそらく真面目で「いい人」である振り回されがちな人は、グチや相談の長文メッセージが届くごとに、一生懸命、文面を考えて返信してきたのでしょう。

でも、それほどの誠実さをメッセージアプリで発揮するのは、もともと無理があるのです。基本の考え方でも説明したとおり、そもそもメッセージアプリというものが、丁寧なやり取りに向いていないからです。LINEは、とくにそうです。

あなたにも何度も経験があると思いますが、LINEでは、あまりにも長文だと「すべて読む」をクリックし､別ウィンドウを開かなくてはいけませんよね。これこそが、LINEは長文を送るツールとしては作られていない証だと思います。

スタンプ1つで返信する、短文1つで返信するという、従来の常識からすると失礼に当たることを、むしろ前提としているのが、メッセージアプリです。

つまり、そこで長文メッセージを送ってくる相手のほうがおかしいということ。あなたは、相手に合わせるのではなく、ただツールの特性に合わせようとしているだけなのです。

そう考えれば、さほど良心の呵責も覚えず、無難な「きれいごと」で簡単にあしらえるようになるでしょう。もちろん丁寧に返信したいと心から思える相手には、とことん付き合っていいと思います。

⑤ 切り上げたいときの切り札は「ウソの用事」

最後は、延々と続くやり取りを切り上げたいときの戦術です。

これもきわめてシンプルに、「ウソの用事」をでっち上げるのが一番でしょう。

「あ、そろそろ出かける支度しなくちゃ」

「ごめん、今から打ち合わせ入っちゃうので、またね」

「うわ、もうこんな時間！　明日早いから、もう寝なくちゃやだわ〜」

などなど、いくらでもウソをついていい。相手も、あなた側に「もう返信できない事情」があるとなれば、それ以上は送ってこないでしょう。

ウソをでっち上げるというと抵抗があるかもしれませんが、実は、そのほうが相手に対しても親切だといったらどうでしょう。

「もうだいぶ長くなってきたから、そろそろいいかな？」なんて返そうものなら、傷つくのは相手です。そうは言わずにウソの用事をでっち上げる。これは「もう切るよ」という威圧「感」であると同時に、相手に対する「優しさ」なのです。

以上、ここまでメッセージアプリでの対応について、基本的なことを書いてきましたが、これらはもちろんすべて、あなたにとってどうでもいいけど嫌われるわけにいかない相手に対する対応です。ですので、あなたが親密な人に対しては、私の戦術など無視して、あなたの好みの方法で楽しんでください。そのほうがその相手とも良好な関係が作れると思いますので。

＊＊＊

本章で紹介してきた「ばれない威圧感」の戦術、いかがでしたか。

相手を直接的に攻撃するのでも、挑戦的な態度を取るのでもなく、相手にそれとさとられないように、さりげなく威圧すること。威圧「感」をまとうという、本書の意図するところはつかめたでしょうか。

本書でお伝えしたい戦術は、これでおしまいです。

次のメソッド4では、今まで学んできたことを踏まえて、いかに「振り回され体質」ではない自分自身を再構築していけばいいのかという、総仕上げの方法についてお伝えしていきます。

method 4

人を惹きつける魅力的な人間になる

「しがみつく」のではなく「惹きつける」

あらゆる人間関係において、自分が相手に対して発揮する力には、2種類あります。

1つは「しがみつく力」、もう1つは「惹きつける力」です。

おそらく本書を読んでいる方の多くは、「しがみつく力」のほうにばかり頼っていて、「惹きつける力」を発揮するのが苦手な傾向にあると思います。

「しがみつく力」に頼りきりでも、もちろん人間関係は構築できますが、それは非常にコスパの悪い方法です。

相手にしがみつこうとすればするほど、あなたの「惹きつける力」は下がっていきます。それとともに、しがみつくことでしか相手と関係を保てない「しがみつき依存症」のような状態となってしまいます。

すると相手は、「しがみついてくるから、自分は頑張らなくていいや」という具合にあなたを侮ったり、あるいは「しがみついてきて、うざい」と思ったりします。

この状況で、なおも「しがみつく力」を発揮しつづけたら、相手は、まるであなたを配下の者、自分の一部であるかのように、思うままに動かそうとするでしょう。「自分に媚びる人は自分より立場が下であり、コントロール可能」なものだからです。

これが、まさしく「振り回されている状態」というわけです。

この状態を脱し、相手との主従関係を解消していくために、今後はもっと「惹きつける力」のほうを意識し、発揮できるようになっていきましょう。

「惹きつける力」とは、言い換えれば「カリスマ性」です。カリスマ性のある人は、自分から近寄らずとも、周囲のほうから惹きつけられてきますよね。そんな魅力のある人間になっていこうという話なのです。

「しがみつく力」を抑え、カリスマ性をもって人を惹きつける。

どうしたらそんな力を発揮できるようになるでしょう。難しく聞こえるかもしれませんが、これにはコツがあります。コツさえ押さえれば、誰にでもできるのです。

そのコツとは、**自分に「影」の部分を作り、ミステリアスな存在となること。**

もう少し詳しくいうと、「自分のすべてをさらさない」ようにしながら、「堂々と人前に出る」ことです。

「すべてをさらさない」というと、なるべく人前に出ないことのように思えるかもしれませんが、「すべてをさらさない」と「堂々と人前に出る」というのは、実は両立可能であり矛盾しません。

自分の感情は露わにしない。自分のさまざまな情報もなるべく明かさない。しかし、態度だけは堂々としていればいいのです。

言い換えれば、これは「相手があなたに気をつかう部分」を増やすということです。

あなたがすべてをさらさなければ、相手は、「この人は何を考えているんだろう、どう感じているんだろう」と想像しなくてはいけません。「本当のところはわからないから、気をつかおう」ともするでしょう。

このように、相手があなたに気をつかう部分を増やすこと。ここでようやく、あなたの「優しさ」と「威圧感」のバランスが整い、もう誰にもあなたを侮らせず、尊重させる第一歩となるのです。

本書のはじめにでは、振り回されないためには「自分の心と違う動きをすればいい」とお伝えしました。なぜなら、振り回されがちな人は、心を開放しすぎていることで相手に付け入る隙を与えてしまっているから、という話でしたね。

もう気づいたかもしれません。ここで説明していることと、今まで説明してきたことは、すべてつながっているのです。

「しがみつく力」に頼りきりの人は、「私を理解して!」「私を評価して!」「私を受け入れて!」と相手にしがみつこうとするなかで、自分の心を見せすぎている。そのために、振り回される関係性に陥りやすい。

だから、今まで使いすぎていた「しがみつく力」は今後、かなり抑え気味にして、「惹きつける力」を発揮する。

そのためのコツとして、感情は露わにしない、情報もなるべく明かさない、しかし態度だけは堂々とする。つまりメソッド1でお伝えした「相手より一段上」の意識と行動で相手と接し、「ダンディな女性」になる。

取り急ぎ、メソッド1の5つのルールを日常に取り入れ、実践してみてください。するとあなたには底しれぬ「魅力」が備わります。つまり、感情を露わにしない、情報もなるべく明かさない、しかし態度だけは堂々とすることで、底しれぬ魅力という「惹きつける力」が生まれるということ。

なぜなら、人の魅力とは、「見せている部分」と「見せていない部分」の掛け算で決まるものだからです。

「見せている部分」が100で「見せていない部分」がゼロだとすると、100×ゼロで魅力はゼロになってしまいますね。

これは、意外と多くの人が陥るところです。

理解され、評価され、受け入れられたいと思うあまり、100：ゼロで自分のすべてを見せてしまう。「しがみつく力」ばかり発揮してしまう。その結果あなたは、本来、相手があなたについて知りたがるべき影の部分を失い、その相手から侮られ、ひいては振り回される主従関係に陥ってしまうのです。

あなたの魅力は、いかに「見せていない部分」を増やすか次第です。

人は、往々にして光よりも「影」の部分に心惹かれるもの。

「見せていない部分」が増えると、周囲の人は、そこに何やら魅力を感じます。その「見せていない部分」に興味をもって、なかには、あなたに積極的に近づこうとする人も出てくるでしょう。

でも、たとえ特定の誰かと距離が縮まったとしても、そこで築かれるのは、今まで陥りがちだった主従関係ではありません。

なぜなら、惹き寄せられているのは相手のほうであり、親しくなるかどうか、どれくらいの距離を保つかという主導権はあなたにあるからです。

魅力という「惹きつける力」を発揮できるようになれば、あなたを振り回す人はいなくなります。誰と親しくなろうとも、もう、それを恐れることはありません。

Joe
モラハラ対策カウンセラー

1976年生まれ。典型的なモラルハラスメントの関係にある両親の元に生まれ、幼少期を過ごす。
その経験を通して、モラルハラスメントをする人、される人の心理を知り、その後徐々に、周囲の同様の環境にある人たちに、モラハラ対処のアドバイスをするようになる。現在は、世の中の離婚できない事情のあるモラハラ被害者を対象に、モラルハラスメントの被害を受けないためのメソッドを伝えるため、『離婚しないモラハラ対策カウンセラー』として、個人カウンセリングや各地での講演等の活動をしている。著書　『離れたくても離れられないあの人からの「攻撃」がなくなる本』(SBクリエイティブ)。

装丁・DTP　松崎 理・河村かおり(yd)
イラスト　クリタミノリ
編集　高田ななこ
編集協力　福島結実子

私《わたし》を振《ふ》り回《まわ》してくるあの人《ひと》から
自分《じぶん》を守《まも》る本《ほん》

2021年2月5日　第1版　第1刷発行
2023年1月23日　　　　第5刷発行

著　者　Joe
発行所　WAVE出版
〒102-0074　東京都千代田区九段南3-9-12
TEL 03-3261-3713　FAX 03-3261-3823
振替 00100-7-366376
E-mail: info@wave-publishers.co.jp
https://www.wave-publishers.co.jp

印刷・製本　中央精版印刷株式会社

NDC361　207p　19cm　ISBN 978-4-86621-317-0